铁路新职人员岗位培训系列教材

客运岗位车站乘降组织知识

中国铁路上海局集团有限公司　编

中国铁道出版社有限公司

2024年·北　京

内 容 简 介

本书为铁路新职人员岗位培训系列教材之一，根据《铁路特有工种技能培训规范》和岗位作业标准编写。全书共五章，包括基础知识、车站客运服务、专项业务、作业标准、应急处置等内容，突出应用能力提升，拓展知识点。

本书可作为客运岗位岗前资格性培训和岗位适应性培训教材，对各类职业院校相关师生也有重要的参考价值。

图书在版编目(CIP)数据

客运岗位车站乘降组织知识 / 中国铁路上海局集团有限公司编. -- 北京 : 中国铁道出版社有限公司, 2024. 12. --（铁路新职人员岗位培训系列教材）.
ISBN 978-7-113-31740-9

Ⅰ. U293.3

中国国家版本馆 CIP 数据核字第 2024463QM0 号

书　　名： 客运岗位车站乘降组织知识
KEYUN GANGWEI CHEZHAN CHENGJIANG ZUZHI ZHISHI
作　　者： 中国铁路上海局集团有限公司

责任编辑： 曾丽辰　　　　**编辑部电话：**（010）63583273
封面设计： 郑春鹏
责任校对： 苗　丹
责任印制： 高春晓

出版发行： 中国铁道出版社有限公司（100054，北京市西城区右安门西街 8 号）
网　　址： https://www.tdpress.com
印　　刷： 北京盛通印刷股份有限公司
版　　次： 2024 年 12 月第 1 版　2024 年 12 月第 1 次印刷
开　　本： 787 mm×1 092 mm 1/16　**印张：** 11.25　**字数：** 214 千
书　　号： ISBN 978-7-113-31740-9
定　　价： 48.00 元

前言

人才是中国式现代化的基础性、战略性支撑，是铁路六个现代化体系建设的重要基础保障，新职人员是铁路技能人才队伍的新生力量。随着我国铁路事业快速发展，路网规模持续扩大、技术装备不断更新、职工队伍大规模新老交替，对铁路专业技能人才，尤其是新职人员的知识结构、技能结构提出了更高的要求。为提高职工岗位技能源头培训质量，提升职工队伍素质，保障运输安全生产，推动铁路高质量发展和现代化建设取得新成效，根据国铁集团《铁路特有工种技能培训规范》和岗位作业标准，中国铁路上海局集团有限公司组织编写“铁路新职人员岗位培训系列教材”。

本套教材严格落实铁路主要行车工种岗位资格性培训准入制度，紧密结合现场各工种岗位作业实际及职工培训中的重点，充分依据现行基本规章和作业标准，内容反映各专业新技术、新设备、新工艺、新规章制度变化，重点突出非正常情况下应急处置、作业标准和流程、安全规定、关键作业项点等。

本套教材的最大特点为“理实一体”，以岗位需求为导向，以提升职业素养和岗位技能为核心，将理论知识和实作技能融会贯通，融为一体。理论知识部分，遵循铁路专业学科的知识体系，由浅入深，既包含入门必备的基础知识，也针对专业知识逐步展开，使铁路新职人员较快掌握。实作技能部分，以提升技能操作水平为目标，紧密围绕岗位技能需求，突出必知必会内容，涵盖基本技能和专业技能。为便于教学和使用，每章后面配有复习思考题。

本套教材由中国铁路上海局集团有限公司教材编审委员会组织，集团公司领导高度重视，职工培训部牵头，运输、客运、货运、机务、车辆、工务、电务、供电等各专业部门，分别组建以首席、特级技师、工匠、技能大师等为主体的编写团队进行编写，适用于新职人员岗前资格性培训，也可用作日常岗位适应性培训教材，亦可作为普通高等学校铁路专业参考教材。本套教材在编写过程中得到了相关运输站段的大力支持，在此一并表示感谢！

本书为“铁路新职人员岗位培训系列教材”之一，共五章，主要包括基础知识、车站客运服务、专项业务、作业标准、应急处置等内容。

本书难免有不足之处，恳请广大读者提出宝贵意见，便于日后修订完善。

编委会

2024年11月

目　录

第一章　基础知识

基础知识是指从事车站客运工作需要掌握的基本常识和基础业务知识。学习旅客运输客运组织，必须学习“人”“事”“物”的基础知识，夯实基础。

第一节　基本概述

车站客运组织工作是铁路旅客运输组织重要组成部分，包括售票组织、进站验证、安全检查、候车检票、站台乘降、出站组织等环节。根据客运车站主要工作内容，确定相关岗位标准。

一、主要岗位工作内容

1. 售票组织

售票组织是指铁路运输企业利用人工售票、自助售票、线上售票等方式，为旅客提供购票、退票、变更等服务的工作。售票组织的主要任务是根据列车运行计划和售票策略，合理安排售票设备和人员岗位，满足旅客不同需求，做好秩序维护，为旅客提供优质的票务服务。

2. 安检查危

安检查危工作是指铁路运输企业在车站、列车对旅客及其携带品、托运的行李物品进行危险物品检查的活动。安检查危的主要任务是依据国家相关法律法规、铁路相关规章制度，利用安检设备，对旅客及其携带品、托运的行李物品进行安全检查，对检查出的危险物品按规定进行处置，杜绝危险物品进站、上车，并维持安检查危过程中的秩序。

3. 乘降组织

乘降组织是指铁路运输企业组织旅客进站候车、检票乘车、验票出站的工作。乘降组织的主要任务是根据客运组织计划，安全有序地组织旅客进站候车、检票乘车、验票出站，确保旅客安全，并为旅客提供休息、问询、指引等基本服务。

4. 行包组织

行包组织指铁路运输企业组织旅客行李进行发送作业、途中运送、到达作业、交付作业等工作。行包组织的主要任务是指根据行包组织方案，合理安排旅客行李的发送、中转，确保按期交付，做好库区管理、装卸车作业，确保货物安全。对抢险救灾物资、急救药品、零星支农物资等优先安排装运。

二、主要岗位标准

1. 客运值班员岗位标准

负责铁路车站旅客候车、进出站、乘降等服务组织工作；完成站车交接，对旅客伤害、突发事件等进行处理。

（1）严格执行《铁路技术管理规程》《国铁集团客规》①《铁路客运运价规则》《铁路旅客运输服务质量规范》《铁路旅客人身伤害及携带品损失处理暂行办法》等有关规定。

（2）认真执行班前点名、班中检查、班后交班会制度。

（3）做好区域岗位人员安排，做到分工合理、任务明确。

（4）保障旅客运输安全有序、职工人身安全。

（5）客运服务设备设施、备品完整齐全、状态良好。

（6）落实客运非正常情况应急处置流程，遇突发情况，按规定处置。

（7）做好班组工作质量情况分析，提出改进意见。

（8）严格按规定执行交接班制度，重点工作重点交接。

（9）杜绝违章违纪，消灭责任事故，无服务质量问题。

2. 客运调度岗位标准

负责本单位客运生产组织、作业监控、统计分析及客运突发事件应急处置。

（1）严格执行《铁路技术管理规程》《国铁集团客规》《铁路旅客运输服务质量规范》《铁路交通事故应急救援和调查处理条例》《铁路旅客人身伤害及携带品损失处理暂行办法》等有关规定。

（2）认真落实安全生产规章制度，检查现场客运作业情况，发现问题及时处置，确保旅客运输组织安全有序。

（3）认真落实客运生产作业计划，指导车站按生产计划落实客运组织。落实客运非正常情况应急处置流程，遇突发情况，按规定处置、汇报。

（4）落实站区一体化管理要求，及时汇总驻站单位问题的整改情况，督促车站落实整改要求。

（5）做好上级文电、命令、要求的接收，及时准确传达。

（6）做好客运工作质量情况分析，提出改进意见。

（7）严格按规定执行交接班制度，重点工作重点交接。

（8）杜绝违章违纪，消灭责任事故，无服务质量问题。

---

①《中国国家铁路集团有限公司铁路旅客运输规程（2024 年版）》简称，下同。

3. 铁路车站综控员岗位标准

从事铁路客运车站旅服系统管理平台或生产管控平台操作、数据信息维护、监控、广播等工作。

(1)严格执行《铁路技术管理规程》《国铁集团客规》《铁路旅客运输服务质量规范》等有关规定。

(2)严格执行岗位作业标准及信息安全有关规定。

(3)熟练操作各系统平台,做到数据信息修改、发布准确无误。

(4)应急响应及时、正确处理。

(5)实时掌握客运设施运行状态,监控重点区域。

(6)严格按规定执行交接班制度。

(7)严格执行铁路客运职工职业道德和礼仪规范。

(8)无服务质量不良反映及以上问题,无责任客运事故,无人身伤害事故。

4. 铁路客运员岗位标准

从事旅客候车、进出站、乘降等服务工作。

(1)严格执行《铁路技术管理规程》《国铁集团客规》《铁路客运运价规则》《铁路旅客运输服务质量规范》《铁路旅客人身伤害及携带品损失处理暂行办法》等有关规定。

(2)责任区域环境卫生符合标准,达到干净整洁、窗明地净、物见本色。服务场所通风良好,温度适宜。

(3)旅客进出站乘降安全有序,封闭区域内无闲杂人员。

(4)客运服务设施、备品定位摆放,齐全良好。

(5)仪表整洁、着装规范、文明用语、态度和蔼,落实重点旅客服务。

(6)严格执行岗位作业标准,无责任事故,无严重违章违纪,无服务质量问题。

(7)落实客运非正常情况应急处置流程,遇突发情况,按规定处置。

(8)按规定执行交接班制度,重点工作重点交接。

5. 售票值班员岗位标准

负责售票、退票、改签等业务管理;负责票据、进款管理等工作。

(1)严格执行《铁路技术管理规程》《国铁集团客规》《铁路客运运价规则》《铁路旅客运输管理规则》《铁路旅客运输服务质量规范》《铁路乘车证管理办法》《中国铁路运输收入管理规定》《铁路军事运输管理办法》等有关规定。

(2)严格执行岗位作业标准,按标准作业。

(3)对有效文电资料、业务通知保管留存,及时修改相关规章,正确统计编制售票业务台账、报表。

(4)严格遵守劳动纪律,搞好岗位间联劳协作。

(5)检查售票场所各类设备设施、备品、台账资料、公告揭示,手机定置管理执行情况,处置各类设备故障异常状况。

(6)检查班中作业情况,班组无服务质量事件、无责任客运事故、无人身事故。

(7)严格按规定执行交接班制度。

6. 客运计划员岗位标准

从事编制旅客运输班计划、旅客运输组织、客运营销管理等工作。

(1)严格执行《铁路技术管理规程》《国铁集团客规》《铁路客运运价规则》《铁路旅客运输服务质量规范》《铁路旅客计划运输组织工作办法》《铁路乘车证管理办法》《铁路军事运输管理办法》等有关规定。

(2)严格执行岗位作业标准,按标准作业。

(3)认真执行上级有关规章、制度和售票组织的各项管理办法及规定。

(4)及时签收客调命令,编制日班计划,加强核对,及时传达计划运输工作安排,确保准确无误完成运输任务。

(5)掌握运能运量及客流变化,正确指导售票组织工作,合理安排日班计划和执行中的调整、平衡工作。

(6)客流资料台账完整齐全,妥善保管。

(7)负责团体计划的受理,妥善组织安排,保证重点运输,台账完整。

(8)严格遵守劳动纪律,做好同岗位间或其他岗位间的联劳协作。

(9)严格按规定执行交接班制度。

(10)无服务质量事件,无责任客运事故,无人身事故。

7. 铁路售票员岗位标准

从事铁路售票、退票、改签等工作。

(1)严格执行《国铁集团客规》《铁路旅客运输服务质量规范》《铁路客运运价规则》《中国铁路运输收入管理规定》《铁路乘车证管理办法》等有关规定。

(2)严格按规定执行交接班制度,重点工作重点交接。

(3)规范售票作业流程,确保相关工作信息安全。

(4)严格执行岗位作业标准,按标准作业。

(5)票据、账表规范填写、字迹清晰、内容准确,并按规定加盖名章。

(6)按规定做好文明售票服务。

(7)严格遵守劳动纪律,搞好岗位间联劳协作。

(8)无服务质量问题、无责任客运事故、无人身事故。

8. 行李值班员岗位标准

负责行李的发送、中转、装卸、保管等各项组织工作,组织调查、处理行李损失事件。

(1)严格执行《国铁集团客规》《铁路客运运价规则》《铁路旅客运输服务质量规范》《铁路行李、包裹损失处理规则(试行)》等有关工作规定。

(2)严格执行作业标准和作业程序,检查各岗位作业情况。

(3)落实行包运输组方案,合理安排日班计划,传达布置清楚,防止业务差错。

(4)行包运输生产组织安全有序,杜绝行包损失和服务质量问题。

(5)妥善做好行包运输工作中出现的问题,并按规定做好信息上报。

(6)落实行包非正常情况应急处置流程,按规定处置突发情况。

(7)严格按规定执行交接班制度。

9. 行李计划员岗位标准

负责编制行包运输班作业计划,组织行包运输工作。

(1)严格执行《国铁集团客规》《铁路客运运价规则》《铁路旅客运输服务质量规范》《铁路行李、包裹损失处理规则(试行)》等有关工作规定。

(2)严格落实行包运输方案,及时完成行包计划工作。

(3)妥善解决行包计划工作中出现的问题,并按规定做好信息上报。

(4)严格遵守劳动纪律,做好岗位之间的联劳协作。

(5)质量良好地完成各项生产任务。

(6)严格按规定执行交接班制度,重点工作重点交接。

10. 铁路行李员岗位标准

从事行李、包裹的发送、中转、保管、到达等工作。

(1)严格执行《国铁集团客规》《铁路旅客运输服务质量规范》《铁路行李、包裹损失处理规则(试行)》等有关工作规定。

(2)严格执行铁路安全管理规定,保证人身安全,无责任人身事故。

(3)严格按行包运输方案作业,合理使用运输能力,重点货物及时装运,保证列车安全正点。

(4)仪表整洁、着装规范、文明用语。

(5)仓库、工作区清洁卫生,窗明地净,四壁无尘,货物堆码整齐,无闲杂人员。

(6)质量良好地完成各项生产任务。

(7)严格执行作业标准,杜绝违章违纪,消灭责任行包损失。

(8)严格按规定执行交接班制度,重点工作重点交接。

11. 客车给水员岗位标准

在铁路车站从事旅客列车上水作业。

(1)严格执行《铁路技术管理规程》、《国铁集团客规》、《铁路旅客运输服务质量规范》、《旅客列车给水工作管理办法》、电气化安全、劳动安全及上道作业安全等有关规定。

(2)按规定交接列车运行、设备备品、给水设施、作业计划和重点事项等相关情况，确保交接无误。

(3)严格按规定佩戴使用劳动保护用品，携带给水作业工具，集体列队上岗，按规定执行安全卡控措施。

(4)严格按规定使用呼叫应答标准用语，使用对讲通信设备与相关作业人员联系，确保传递作业信息准确及时。

(5)检查给水设备，清理股道中的障碍物和闲杂人员，落实各项给水准备。

(6)按规定位置和标准立岗，目迎列车进站，落实作业期间安全防护和卡控措施。

(7)按作业计划使用给水设施、工具进行给水作业，随时关注给水作业状态，及时拔管、摆放整齐。

(8)及时发现给水设备设施故障、畅通信息传递。

(9)随时关注、传递邻线状况和车辆动态信息，避免车辆伤害。

(10)发现列车有人员扒车乘或带管开车等非正常事件，做到迅速汇报，妥善处置。

(11)按规定作业路线行走，做到同出同归。

(12)无服务质量问题，无责任客运事故，无人身伤害事故。

第二节 旅客运输

旅客运输组织就是编制运输计划，确定资源配套，按章组织运输，兑现经营指标的过程。本节从旅客运输计划、计划兑现、经营指标三个维度学习旅客运输基本常识。

一、旅客运输计划

旅客运输计划的编制一般包括三个环节，即客流调查、计划编制、运力配置。

(一)客流调查

客流调查是了解市场需求、明确铁路客运产品市场定位，为编制列车开行方案提供依据的重要措施。在编制与调整列车开行方案前，应准备好客观、准确、详细的客流调查与分析数据。

根据调查规模和目标不同，客流调查可分为以下几类：

1. 综合调查。每两到三年应组织一次铁路局集团公司或重点线路、区域范围内的综合客流调查，以全面持续地了解铁路客流数量、结构、时空分布及其变化规律，为列车开行结构调整及运力资源配置提供依据。

2. 节假日调查。铁路局集团公司提前 5 个月对春运或提前 3 个月对暑期、黄金周和小长假展开客流调查，及时了解节假日客流总体特征及大客流分布，为节假日列车开行提供依据。

3. 专题调查。针对新线开通、大型活动、恶劣天气等特殊事件，适时开展专题客流调查，为列车开行方案的编制或调整提供有针对性的依据。

4. 日常调查。铁路局集团公司或重点车站定期组织管内范围的客流调查与分析，作为日常客运组织的依据。

客流调查分析应根据不同的目的有针对性地进行，一般包括客流数量、结构、时空分布分析，旅客出行过程特性分析，旅客出行选择行为分析，旅客购票行为分析，客流变化趋势分析等。应考虑每种调查方式的特点及所面向调查对象在实际客流中的比例等因素，合理设置各调查方式的分析结果在最终结果中的权重。要充分利用客票销售等数据，提高客流调查分析报告质量，为旅客列车开行方案的编制与调整提供全面、客观、准确的决策依据。

(二)计划编制

客运能力与客流量相适应，以客座率和经营效益作为开行旅客列车的依据。旅客列车客座率较高的方向，技术条件具备时应安排增开旅客列车。客座率较低的旅客列车应安排调整或停运，客流淡季应安排客座率较低列车临时停运或减少编组辆数。通过能力紧张区段开行的旅客列车实行客座率末位淘汰。铁路局集团公司可根据市场情况，提出调整或增开建议，实行有流开车、无流停运。

旅客列车开行方案的编制工作应遵循以下原则：

1. 以适应市场需求为导向，以提高客运产品竞争力为目标，通过优化作业组织、提升作业标准、压缩作业时间，增加铁路优势客运产品数量和质量。

2. 根据客货运输市场形势，统筹兼顾，合理分配通过能力紧张分界口的客货运输运力。

3. 高速铁路和客运专线开通初期，根据客流需要同方向既有线保留部分普速旅客列车。

4. 以跨局为主、兼顾管内。两者发生矛盾时，管内服从跨局。在运输能力紧张的区段增开管内列车须报国铁集团同意。

5. 高速铁路和客运专线开行多对同区段动车组列车时，实行均衡开车，客运停站按时间顺序均衡安排。

6. 合理安排普速旅客列车行包运输能力。

7. 运用新技术、新方法，科学安排作业流程，压缩机车、车辆技术作业时间，提高装备运用效率。

(三)运力配置

1. 客运专线一般实行日常、周末和高峰期开行方案。

(1)基本图含日常、周末运行线，日常运行线每日开行，周末线周五至周日和高峰期启动。在基本图基础上安排高峰期运行线，在客流高峰期开行。部分高峰运行线占用“综合维修天窗”。

（2）周末线原则上逢周五至周日间和高峰期开行，也可实行逢周一至周四间单组运行、逢周五至周日间和高峰期重联运行，由国铁集团或铁路局集团公司文电公布，按规律启动。日常遇突发客流，铁路局集团公司可申请调度命令启动周末线或安排重联运行。

（3）高峰线由相关铁路局集团公司根据高峰期客流情况，申请调度命令开行。铁路局集团公司也可在周末、日常有突发客流时，申请调度命令开行不占用天窗时间的高峰线。

（4）春暑运、小长假、黄金周停止或缩短天窗作业安排在国铁集团春暑运、小长假和黄金周文电中公布。铁路局集团公司根据停止或缩短天窗情况和客流情况，向国铁集团运输部提出申请，经国铁集团运输部调度命令批准可开行占用天窗时间的高峰线。铁路局集团公司根据高峰线妥善调整天窗作业时间，制定安全管理办法，并在铁路局集团公司有关技术文件和高峰期运输文件中公布。

2. 动车组列车停站应遵循以下原则：

（1）根据动车组列车开行距离和产品定位，合理确定列车全程停站数量。

（2）高速铁路和客运专线动车组列车实行交错停站，客流较大的车站间应有列车通达，方便旅客出行。

（3）车站停站数量应根据客流量确定，列车的停站应做到均衡。

（4）不同速度等级的动车组列车，在时速300～350千米区段高等级列车停站数量应少于低等级列车，旅行时间必须明显少于低等级列车。

3. 普速旅客列车停站应遵循以下原则：

（1）直达特快、特快列车在直辖市、省会、自治区首府和客流大的地级市车站可安排停车，进藏列车停站从严掌握。特殊情况铁路局集团公司报国铁集团运输部审批。

（2）快速列车停站除直达特快、特快列车停站范围外，还可在客流较大的县级车站停车。

（3）普快列车按照方便旅客就近乘车确定停站，除快速列车停站范围外，还可增加县级以下车站停车。

（4）临时增开列车停站比照同等级图定列车办理。

（5）图定普速旅客列车最晚发车时间应在24:00前，最早终到时间应在5:00后。

（6）相同开行区段、方向、径路上开行的旅客列车往返停站要尽量一致。

（7）旅客列车技术停站为客运站时，应开办客运业务。

（8）夕发朝至旅客列车在0:00—5:00间原则上不安排停站。

4. 列车定员计算。

（1）硬座标记定员：各硬座车厢标记定员的总和。

(2)硬座实际定员:硬座总标记定员减 10 个座位(办公席等占用,新型车标记定员不包含办公席在内时,其标记定员即为实际定员)。

(3)硬座超成定员:为硬座实际定员与实际定员乘以规定超员率之和。

(4)软、硬卧车定员均按标记定员计算(宿营车除外)。软、硬卧车代用软、硬座车时,软卧每一下铺按 3 人,硬卧每一下铺按 4 人计算,不再加超员率,上、中铺禁止出售,中铺吊起固定。

(5)棚车代用客车时,每吨位按 1.5 人计算定员。

(6)动车组列车定员按其车型确定。

(7)在保证安全、正点和服务质量的前提下,容许旅客列车硬座车厢超员运输,特别旅客快车始发不超员,途中准超员 20%(全程对号除外)。直通旅客快车始发不超员,途中准超员 30%。直通旅客列车始发准超员 10%,途中准超员 40%。管内旅客列车超员限度比照上述相同等级旅客列车的规定办理。

5. 票额管理。

车票是根据旅客列车运行图、列车编组数据确定的。为保障铁路运输的大动脉作用,实现运能的最大化运用,铁路在票额分配上,优先满足长途旅客需求,动态调整票额分配,兼顾沿线旅客出行,避免资源浪费。

(1)席位复用是指对客票系统席位售出后,自动生成未利用区间的新席位,使列车能力得到充分利用。

席位复用分为一次复用和全程复用。一次复用是指对席位复用一次后产生的新席位不再复用;全程复用是指对列车运行区间中的剩余区段进行多次复用。原则上所有列车席位均实行全程复用。

(2)票额共用是指在设定的时间内指定车站的公用票额被列车运行径路前方多个车站共享,并实现按照旅客需求选择票面乘车站的售票组织方式。

实行票额共用的列车,列车在通过票额共用区段后,列车方可按有关规定办理补票。

列车票额共用和席位复用两种方式可共同并存。

二、计划兑现

有了运输计划,下一步就是按照法律法规、规章制度组织旅客运输工作。一方面,铁路需要按照旅客运输计划,匹配劳动组织、设备设施等生产条件;另一方面,要按照《国铁集团客规》《铁路旅客运输服务质量规范》《铁路旅客运输管理规则》《铁路客运运价规则》等基本规章组织旅客运输生产。

三、经营指标

按照国铁集团指标牵引的核心要求,对各站段的年度、月度旅客发送任务指标进行科学管理与分析，实现对铁路局集团公司旅客发送量任务指标的全面规划、过程管理和控制。

1. 旅客人数统计指标为始发旅客人数、到达旅客人数、运送旅客人数、发送旅客人数、到发旅客人数、铁路乘车证签证旅客人数、中转旅客人数、上车旅客人数、售票旅客人数、补票旅客人数、退票旅客人数、出入境旅客人数等。

2. 旅客周转量是指旅客人数与运送距离的乘积。计算公式为

全程旅客周转量＝始发旅客人数×发、到站间运送里程

3. 旅客平均行程指平均每一旅客的旅行距离。在计算平均行程时，对不产生周转量的运输量不参与计算。计算公式为

铁路运输企业旅客平均行程＝铁路运输企业旅客周转量/铁路运输企业运送旅客人数

4. 旅客运输密度是指在一定时期内铁路某一区间、区段、某条线路或全部平均每公里营业线所担负的旅客周转量。旅客运输密度计算中所用里程原则上以《铁路客运运价里程表》确定。

5. 综合指标。

(1)人公里收入率指报告期内铁路旅客运输平均每人公里所取得的票价合计金额。计算公式为

人公里收入率＝报告期内旅客票价合计/报告期内全程旅客周转量

(2)人均票价收入率，计算公式为

某车次人均票价收入率＝该车次旅客票价合计/该车次全程始发旅客人数

(3)客座平均利用率，计算公式为

$$\text{某车次(分席别)客座平均利用率}=\frac{\text{报告期内该车次(分席别)全程旅客周转量}}{\text{该车次(分席别)定员}\times\text{全程运距}\times\text{报告期内开行趟数}}$$

小贴士

(1)同比指与去年同期的数据比较，用于分析数据周期性规律。通过同比数据分析，可以快速了解当前数据相对于去年同期的增长或下降情况，适用于分析长期趋势。

(2)环比指的是与上一个统计周期相比的数据，用于分析某一时期与上一个相邻周期相比的变化情况。环比数据能够及时反映出短期的变化趋势，常用于监测短期数据波动及连续性数据的分析。

(3)超欠进度指工作量的完成进度情况，主要通过对比实际完成量和计划完成量来实现。具体方法有时间偏差法，即通过计算实际完成量与计划完成量的差异来评估客发/客收进度。计算公式为

超前完成量＝实际完成量－计划完成量

滞后完成量＝计划完成量－实际完成量

第三节　车站设备

本章节介绍的客运设备是指用于车站客运生产、办公、生活的相关设备。根据铁路旅客车站客运设备应用情况，将与客运生产组织、旅客安全和服务质量直接相关的设备分为客运专用设备和客运使用设备。

一、客运专用设备

客运专用设备主要包括客票、旅客服务、行包、客运电梯、安检、静态标识、饮水、服务台、移动作业终端、座椅、垃圾箱等设备。

1. 客票设备

客票设备主要包括自动售(取)票机、检票闸机、实名制验证核验设备、人工售(补)票设备等。

(1)自动售(取)票机。自动售(取)票机(图 1-1)是满足现金、储值卡、银行卡等支付手段的自动售票设备，并且满足储值卡、非接触式 IC 卡或磁卡等票的出票要求，可直接获取客运站或中心席位库的票源。

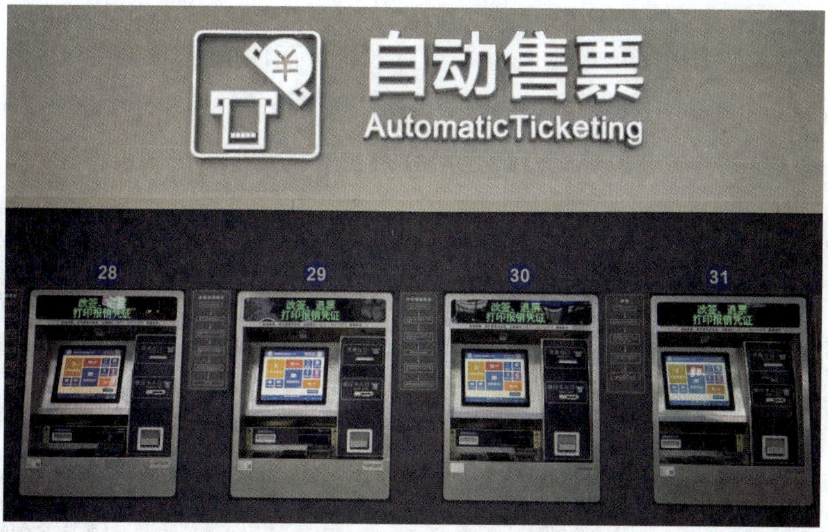

图 1-1　自动售(取)票机

(2)检票闸机。检票闸机含自动检票闸机(图 1-2)、半自助检票终端(图 1-3)。自动检票闸机通过采集旅客有效身份证件信息，核对旅客购买车票与当前检票车次是否一致，显示核验结果，辅助人工检票通道作业。

图 1-2　自动检票闸机

(3)实名制验证核验设备。实名制验证核验设备含实名制验证闸机、人工实名制验证设备。

①实名制验证闸机(图 1-4)。采集旅客有效身份证件信息,根据有效身份证件信息核验购票信息;采集旅客人脸信息,核验票、证、人是否一致,且票面车次在开检状态时,打开闸门,旅客通行。

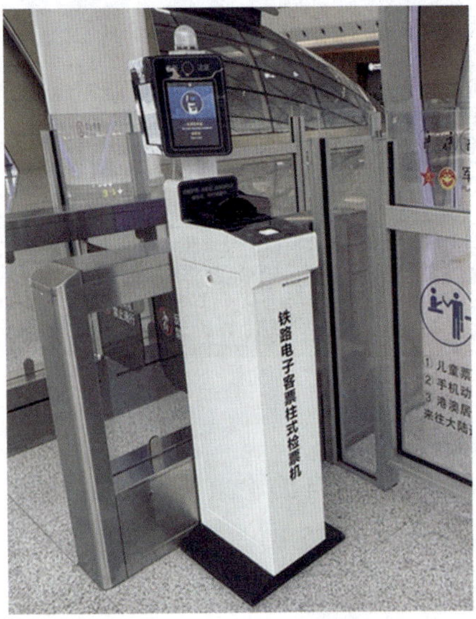

图 1-3　半自助检票终端

图 1-4　实名制验证闸机

②人工实名制验证设备。人工实名制验证设备含摄像头、身份证读卡器、扫描枪。

a. 身份证读卡器(图 1-5)。在人工实名制验证过程中采集身份证件信息，与摄像头(图 1-6)采集到的人脸识别，比对证、人是否一致，与采集到的车票信息比对人、票是否一致。

b. 扫描枪(图 1-7)。在人工实名制验证过程中采集临时身份证明上的二维码。

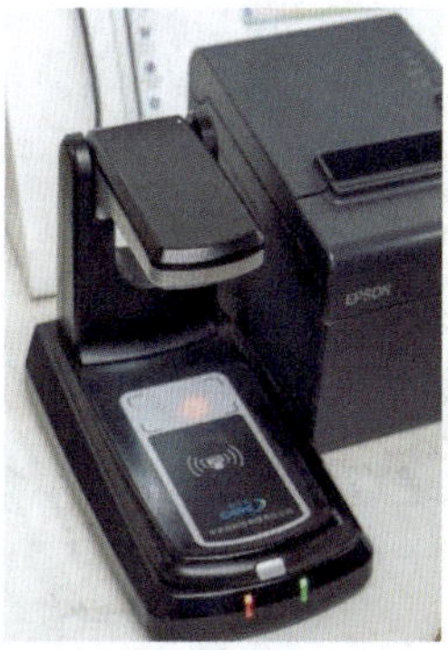

图 1-5　身份证读卡器

图 1-6　摄像头

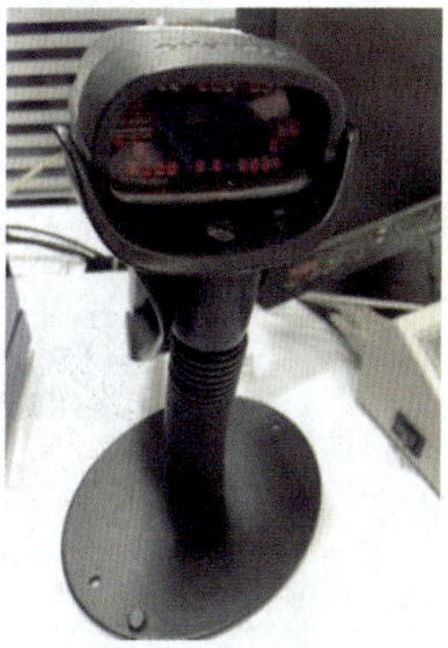

图 1-7　扫描枪

(4)人工售(补)票设备。人工售(补)票设备含制票机、电脑、窗口对讲设备、二维码扫描仪、证件识读器、售票桌椅等，如图 1-8 所示。

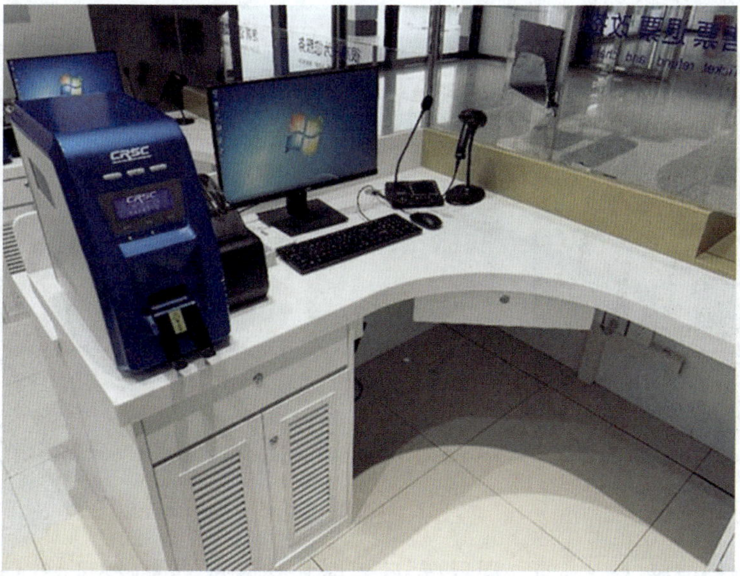

图 1-8　人工售(补)票设备

①对外显示屏(图 1-9)。内屏面向人工窗口工作人员，便于操作，外屏面向旅客，方便旅客了解车次基本信息、票价等购票信息。

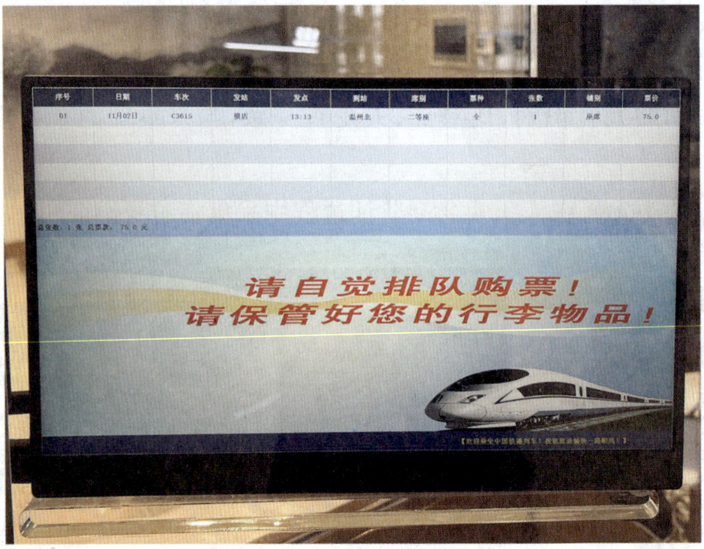

图 1-9 对外显示屏

②制票机(图 1-10)。电子客票全面普及前打印旅客乘车、报销凭证。电子客票普及后，开具报销凭证。

③证件识读器(图 1-11)。读取身份证件中的基本信息作为输入提供给售票软件进行核验，并作为制票数据的一部分。

图 1-10 制票机

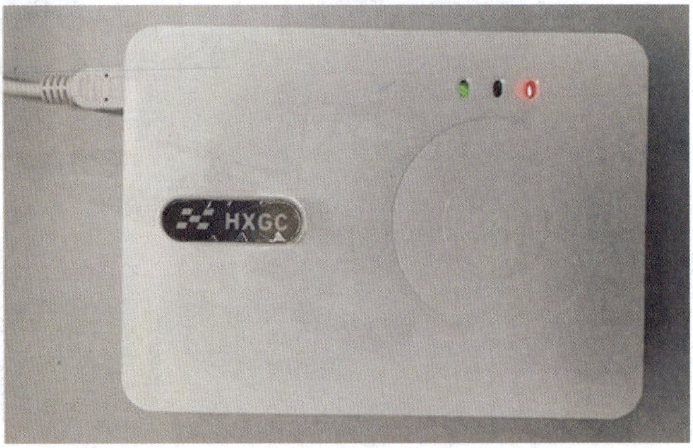

图 1-11 证件识读器

④二维码扫描仪(图 1-12)。遇退票、改签时快速获取票面(凭证)的信息，相较于手动录入，大幅度提升工作效率。

⑤窗口对讲设备(含对讲机和拾音器)(图 1-13)。主要用于封闭人工售票环境，保证旅客与售票人员的正常语音交流，部分情况下作为人工售票窗口视频监控系统的拾音设备，与视频监控画面做到音画同步。

图 1-12　二维码扫描仪

图 1-13　窗口对讲设备

2. 旅客服务设备

旅客服务设备主要包括综合显示、广播、时钟、视频监控、求助设备、远程语音对讲等。

(1)综合显示,如图 1-14 所示。

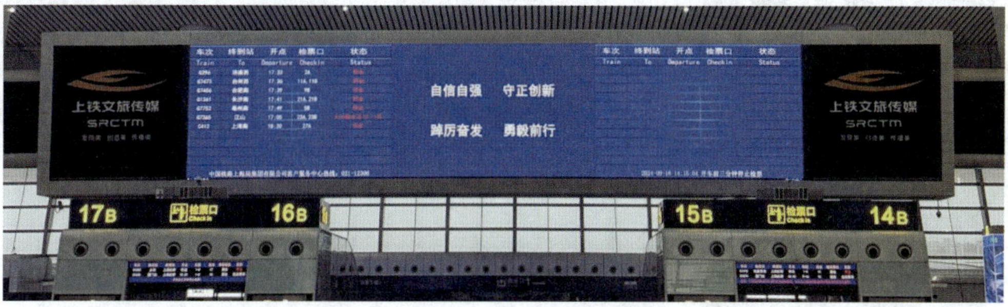

图 1-14　综合显示

(2)广播,如图 1-15 所示。

(3)时钟,如图 1-16 所示。

图 1-15　广播

图 1-16　时钟

(4)视频监控。视频监控类分为球机(图 1-17)、半球机(图 1-18)和枪机(图 1-19)。

①球机。球机全称为球形摄像机,集成彩色一体化摄像机、云台、解码器、防护罩等多功能于一体,安装方便。可通过软件控制监控区域,多用于进出站区域、候车区域、站台区域等,便于及时调整位置,掌握同一范围不同区域的状态。

②半球机。半球式摄像机由于体积小巧,外形美观,但变焦范围较小,一般用于办公区域、廊道等范围相对较小的区域。

③枪机。枪机是监控类摄像机中一种。枪机外观长方体,主要用于采集人工售票窗口、楼扶梯端部等固定监控区域的位置,主要特点是监控区域不可随意变更,避免误操作或恶意操作。

图 1-17　球机

图 1-18　半球机

图 1-19　枪机

(5)求助设备,如图 1-20 所示。

(6)远程语音对讲,如图 1-21 所示。

图 1-20　求助设备

图 1-21　远程语音对讲

3. 行包设备

行包设备主要包括行包信息系统作业终端,行包牵引车、拖车和其他装卸、搬运、提升机具，充电、计量、安检、监控等设备，如图 1-22 所示。

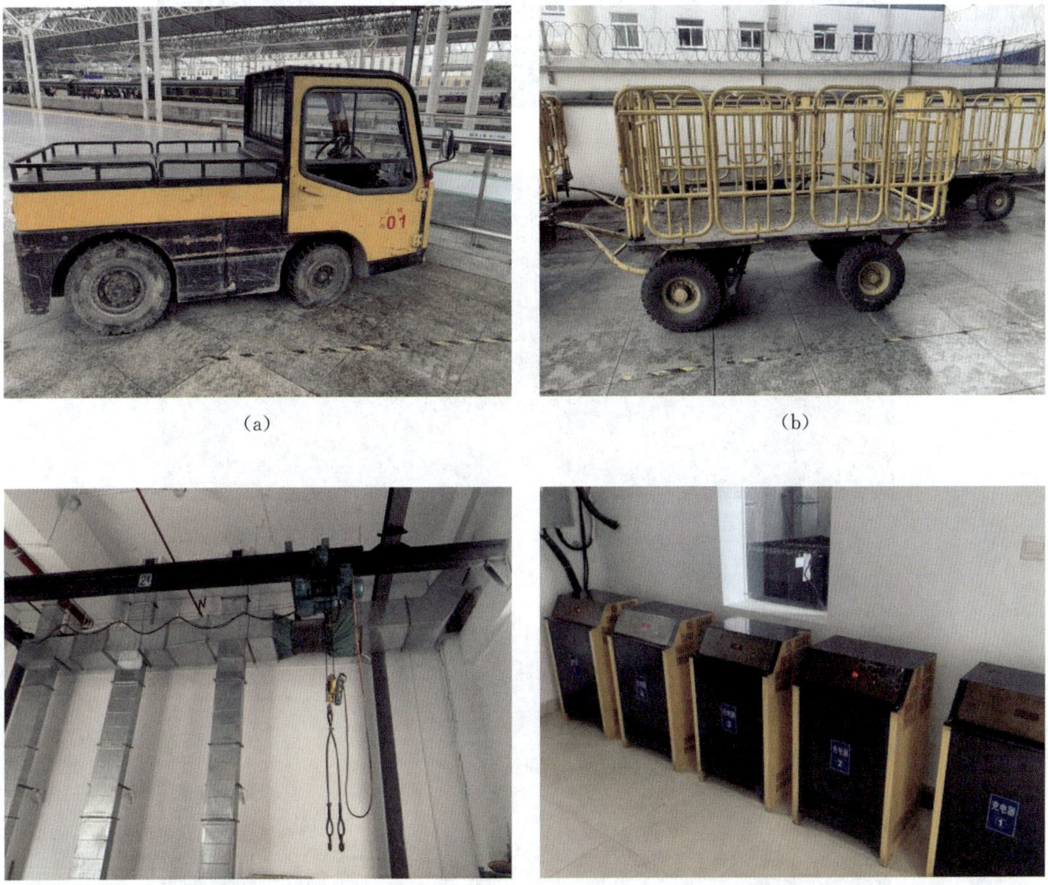

(a)　(b)　(c)　(d)

图 1-22　行包设备

4. 客运电梯设备

客运电梯（办公和生产用电梯除外）是指铁路客运车站为旅客服务的电梯，包括自动扶梯、垂直电梯、残疾平台等。

（1）自动扶梯是利用沿刚性导轨运行的箱体或者沿固定线路运行的梯级进行升降、平行运送人和货物的机电设备，如图 1-23 所示。

图 1-23　自动扶梯

（2）垂直电梯是服务于规定楼层的固定式升降设备，如图 1-24 所示。

（3）残疾平台主要为残障人士使用，服务于规定楼层的固定式升降设备，如图 1-25 所示。

图 1-24　垂直电梯

图 1-25　残疾平台

5. 安检设备

安检设备包括安检仪(含延长装置、摄像机)、安全门(安检门)、手持金属探测器、防爆罐、防爆毯、液体检测仪、爆炸物测探仪、安检处置台等。

(1)安检仪。安检仪(图 1-26)按信号源不同可分为单源单视安检仪和双源双视安检仪。

(2)安全门(安检门),如图 1-27 所示。

图 1-26 安检仪

图 1-27 安全门(安检门)

(3)手持金属探测器。手持金属探测器(图 1-28)是用于检查人身携带的金属物品,可与金属探测门配合使用。

(4)防爆罐。防爆罐(图 1-29)是一种可防范及减弱爆炸物品爆炸时对周边人员造成损伤的器材。其按形状可分为桶形与球形两种,也分别称为防爆桶和防爆球。

图 1-28 手持金属探测器

图 1-29 防爆罐

(5)防爆毯。防爆毯(图 1-30)对爆炸碎片和冲击效应形成三层阻挡作用,从而最大限度的保护爆炸中心附近的人和物免受损伤,是现场临时处置爆炸物品的重要装置。

(6)液体检测仪。液体检测仪是一款用于检测易燃易爆液体的安检设备,是通过测定被检液体的介电常数和电导率,来判断液体的易燃易爆性。可检测多种易燃易爆液

图 1-30 防爆毯

体，包括汽油、无铅汽油、煤油、航空煤油、柴油、打火机油。液体检测仪主要有台式和手持式两种，如图 1-31 所示。

（a）台式

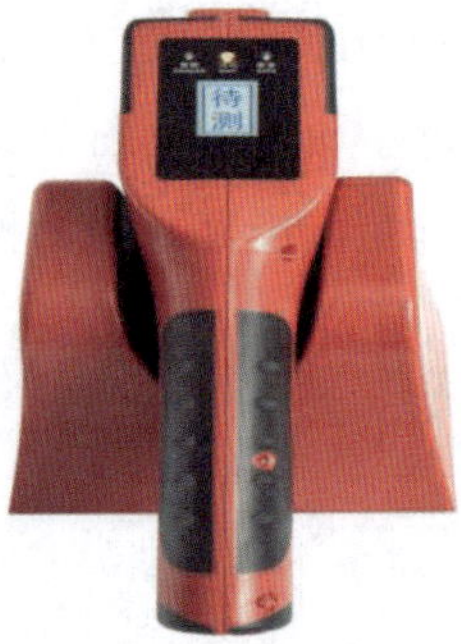

（b）手持式

图 1-31 液体检测仪

（7）爆炸物探测仪。爆炸物探测仪分为便携式爆炸物探测仪（图 1-32）、台式爆炸物探测仪。

图 1-32 便携式爆炸物探测仪

(8)安检处置台。安检处置台(图 1-33)用于安全检查物品的平台,根据进站流线可放置安检仪旁,根据安检通道数量配备,有手检操作台、处置台等。

图 1-33 安检处置台

6. 静态标识

静态标识包括客运静动态标识本体及配套管线(不含房屋构筑物上连接静动态标识本体的吊杆及其上端结构件,站名大字)。静态标识类别根据所承载的信息内容的不同,可以分为定位标识、导向标识、服务标识、警示标识等类型。

(1)定位标识。定位标识是表示车站功能区域所在位置的名称标识,承载旅客目的地位置的告知信息,包括售票处、自动售票、进站口、检票口、公安值班室、客运值班室、出站口、补票处,如图 1-34 所示。

图 1-34 定位标识

(2)导向标识。导向标识是旅客到达各目的地行进路线中方向指引的标识,承载着引导旅客到达目的地的功能,如图 1-35 所示。

图 1-35 导向标识

(3)服务标识。服务标识是为旅客提供客运车站信息服务的标识,使旅客能清晰地了解车站整体结构和功能布局,各类设备设施位置关系,使用流程和操作方法等,包括规章文电摘抄、购票须知、乘车安全须知、安检须知、客运杂费收费标准、退改签规则、平面示意图、功能布局图、街区道路图、“一米线”等,如图 1-36 所示。

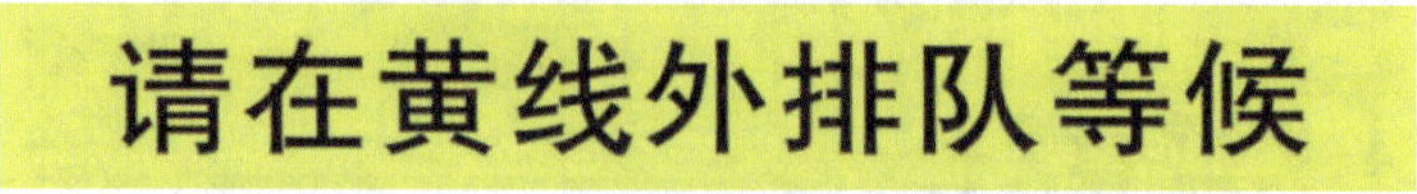

图 1-36 服务标识

(4)警示标识。警示标识是表示旅客行为应被禁止或提醒的标识,按照功能分为禁止和提示两种类型。

①禁止类警示标识表示明确禁止旅客某种行为的标识。例如,禁止躺卧、禁止通行、禁止倚靠、禁止吸烟等,如图 1-37 所示。

图 1-37 禁止类警示标识

②提示类警示标识表示提示旅客需要注意的标识。例如,小心站台间隙、当心烫伤、当心滑倒、当心触电、当心碰头、当心夹手等,如图 1-38 所示。

图 1-38 提示类警示标识

7. 饮水设备

饮水设备包括站房内供旅客使用的电加热饮水设备和直饮水设备,如图 1-39 所示。

（a）电加热饮水设备

（b）直饮水设备

图 1-39 饮水设备

8. 服务台

服务台是为旅客提供综合服务的配套设备，如图 1-40 所示。

9. 移动作业终端

移动作业终端包括音视频记录仪、对讲机、手持作业终端（图 1-41）等。

图 1-40 服务台

图 1-41 手持作业终端

10. 其他设备

其他设备包括座椅（不含经营性质的）、垃圾箱等。候车室内配备适量座椅，摆放整齐，不影响旅客通行，如图 1-42 所示。设置重点旅客专用座椅，重点旅客专用座椅设置应方便重点旅客乘车走行路线。

图 1-42 座椅

二、客运使用设备

客运使用设备指除客运专用设备外由承担维护经费的部门管理的设备设施，主要包括房屋及构筑物、暖通系统、给排水设备、客车上水设备、供电设备、电照设备、智能照明监控系统、机电设备监控系统等。

1. 暖通系统设备包括车站中央空调主机（各类机组）、空调热源、多联机空调、分体空调、精密空调、水系统、风系统（通风设备）、空调末端（空气处理机组、风机盘管等）、风幕机、射流风口、暖通系统附属设备等。

(1)分体空调。分体空调（图 1-43）是空调的一种，由室内机和室外机组成，分别安装在室内和室外，中间通过管路和电线连接。

(2)风幕机。风幕机（图 1-44）是通过高速电机带动贯流或离心风轮产生的强大气流，以形成一面“无形门帘”的空气净化设备。

图 1-43 分体空调

图 1-44 风幕机

(3)射流风口。射流风口(图1-45)主要用于空调送风口与人员活动范围有较大距离的环境里,当公共场所面积很大时,如各种大厅及装配车间等,利用送风口将空气均匀送到较远空间。

图1-45　射流风口

2. 电照设备,如图1-46所示。

图1-46　电照设备

复习思考题

1. 客流调查分为哪几类?
2. 如何计算各种列车的定员?
3. 客运专线的开行方案一般分为哪几类?
4. 铁路局集团公司一般提前多久对春运、暑运、黄金周和小长假开展节假日调查?
5. 车站客运电梯一般包括哪几类?

第二章　车站客运服务

铁路旅客运输服务的实质是铁路企业最大限度满足旅客的需求。车站客运服务从作业层看，包含基础服务，如环境卫生、病媒防治等；旅客服务，如重点旅客、依法优先、商务座服务等；旅客携带品服务，如携带品管理、遗失物品处理等。

第一节　环境卫生

车站卫生质量直接关系广大旅客出行体验和身体健康。环境卫生工作要坚持以人民健康为中心，树立健康优先发展理念，落实人防、技防、物防措施，持续提升车站卫生标准与品质，保证运输生产卫生安全，保障旅客和职工健康，努力创造温馨舒适、整洁卫生、品质优良的健康旅行环境。

一、公共场所卫生

车站公共场所应设置与旅客流量相适应且性能良好的卫生设施设备，客运车站应取得公共场所“卫生许可证”。从业人员应取得有效健康合格证明。新、改、扩建后投入使用的车站公共场所，空气质量等应符合国家公共场所卫生标准。车站候车场所应减少大声喧哗，禁止叫卖经营，控制公共场所噪声，为旅客营造安静、舒适的候车环境。使用集中空调的站车公共场所，空调运行期间新风、排风系统或设施应正常使用，定期进行设备维护、清洗和消毒，符合国家卫生标准要求。

（一）车站保洁管理

上海局集团公司所有高铁车站保洁服务业务统一由上海局集团公司华铁旅服公司负责。车站作为保洁工作管理的主体，对保洁工作进行日常监督，建立保洁质量日常检查、考核体系，明确不同岗位、部门的日常巡视检查频率，保证车站保洁质量达标。

（二）保洁作业要求

1. 保洁公司应进一步完善保洁作业人员培训管理体系，加强对保洁人员的安全培训和专业培训，新职保洁人员必须经考试合格后方可上岗。

2. 保洁人员在车站作业时，应穿着统一的制服，佩戴标志，做到举止文明，不影响旅客。

3. 保洁人员在进行地面拖洗、厕所清洁等可能造成地面湿滑的作业时，要在作业区域设置“防止滑倒”的警示标识。

4. 保洁公司应针对站车设备设施条件、工作量和保洁质量要求配足保洁作业人员、配齐各类保洁工具，不断提高机械化保洁程度，确保车站保洁服务质量。

5. 保洁公司要与车站签订相关安全协议，保洁人员在作业时，必须遵守铁路相关安全管理规定，服从车站客运工作人员指挥，确保铁路运输安全。

6. 车站要为保洁公司提供保洁人员休息和保洁机具存放的场所，保洁人员不得在站内旅客服务区域休息，各类保洁用具做到定位隐蔽摆放。

7. 保洁作业人员应做到文明作业，爱护车站各类设备设施，杜绝保洁过程中的野蛮作业行为，对人为原因造成的旅客物品污损或车站设备设施损坏，保洁公司应承担赔偿责任。

8. 因保洁作业不及时或质量问题，造成候车室、厕所地面湿滑，导致旅客摔伤，或在保洁作业过程中对旅客人身产生伤害的，由车站组织与旅客协商处理。

(三)保洁作业分类

1. 车站保洁分类应以车站规模、日常客流量、保洁作业量等为依据，分为三类。

(1)一类：省会枢纽高铁车站。

(2)二类：客流量较多的地级市及以上所在地高铁车站。

(3)三类：其他高铁车站。

2. 车站保洁作业形式分为日常保洁和深度保洁。

(1)日常保洁是保洁作业人员每日对保洁范围内的旅客服务和运输生产场所，按保洁作业标准进行保洁作业，其中候车室、售票处、厕所等重点区域要做到随脏随扫、随脏随清。

(2)深度保洁是在日常保洁的基础上定期对厕所、地面等保洁重点部位进行重点卫生清洁，以保证相关部位卫生洁净。

车站深度保洁作业必须安排在车站当日旅客候车、乘降作业完毕或无旅客乘降候车间隔期间进行，且不得影响旅客乘降候车。进行高空保洁作业时必须有规定的安全防护措施。在接触网上方进行高空保洁作业还应采取接触网停电、安设接地线等安全防护措施，并纳入天窗点内进行。

(3)线路保洁作业必须安排在天窗点内进行，并安排专人防护。

(四)保洁作业范围和内容

1. 站前广场(铁路区域)：清扫广场、通道地面，清洁垃圾桶、立柱、护栏、墙面和相关静态标识等。

2. 候车室、售票处、开水间：清扫室内地面，清洁立柱、墙面、座椅、沙发、垃圾桶、动静态标识、灯具、门窗玻璃、玻璃隔断（护栏）、售票窗台、贵宾室地毯、茶几、自动检票闸机、自动售票机、查询机、安全检查仪设备、PDP显示屏、开水器、业务揭示牌、自动扶梯、垂直电梯等。

3. 站台、天桥、地道：清扫地面、台阶，清洁立柱、墙面、垃圾桶、天桥护栏、安全防护栏杆、楼梯扶手、动静态标识、自动扶梯、垂直电梯、无障碍升降平台等。

4. 厕所及盥洗间：清扫地面，清洁墙面、便间隔断板壁（门）、天花板、垃圾桶、卫生纸架、坐便器、蹲便器、小便斗、洗手盆、台面、镜面、干手器、皂液器、灯具等。

5. 其他生产公共区域：清扫地面，清洁通道、公共厕所、楼梯、楼梯扶手等（不含办公室、售票室、综控室、休息室等），做好线路和绿化区域垃圾清理（以站台两端各延伸10米为界）。

6. 车站室内外墙面、面、玻璃隔断等部位，2米以下范围纳入日常保洁内容，其中整块玻璃部分超过2米时，应以整块玻璃上沿为限；2米以上部位纳入定期深度保洁范围。同时，保洁公司要针对高铁车站建筑特点和无柱雨棚结构，借鉴和采取先进的保洁方法和手段，做好对超高和特殊区域的保洁服务。

（五）公共环境质量标准

1. 线路和股道地面清洁，无垃圾，无大量烟蒂。

2. 通道、走廊、楼梯地面清洁、光亮，无垃圾、纸屑、积水和口香糖迹等。

3. 门、窗干净，无灰尘、积垢，窗户玻璃明亮，洁净。

4. 四壁墙面、灯具清洁，无污痕、积灰和蛛网。

5. 绿化区域无枯枝、无大量落叶。花盆外侧干净，无污垢。室内绿化植物叶面洁净，有光泽，无积灰积尘。

6. 保洁用具定位摆放在规定位置，不影响车站旅客服务环境。

7. 对本站产生和列车下交的垃圾及时清运到规定地点，做到不积压，清运过程中做好垃圾封装，做到不外漏、不散落。

8. 保洁过程中产生的污水要倒入规定下水管道内，不得随意倾倒，防止影响环境或堵塞管道。

9. 保洁范围内的设备设施金属件部分光亮，物见本色，金属质感明显。

二、厕所环境卫生

厕所保洁是车站保洁工作的难点问题。为有效解决客运车站厕所长期存在的根源性和日常管理问题，改善旅客的如厕体验，提升车站整体形象，铁路部门推进“厕所革命”，加强铁路客运站车厕所环境卫生管理，创造干净整洁的卫生环境，根据车站客流和站房布局,合理设置厕所位置和规模,满足旅客如厕需求,如图 2-1 所示。

图 2-1　客运车站厕所

(一)厕所管理

华铁旅服公司作为上海局集团公司客运站车专业保洁单位,负责相关客运车站厕所的日常卫生保洁作业,并接受相关车站单位的日常监督、考核。

各房建段是全局普速客运车站厕所设备的管理责任主体,负责厕所设备的日常维修管理,并按照相关办法界定的范围负责全局高铁车站厕所相关设备的日常维护、维修管理。

申铁信息公司作为上海局集团公司客运高铁车站设备专业维护单位,按照相关办法界定的范围负责全局高铁车站厕所相关设备的日常维护、维修管理。

各客运站段是本单位客运站车厕所卫生管理的责任主体,负责本单位客运车站厕所环境卫生的日常保洁、使用管理工作,确保客运车站厕所环境卫生质量良好。

客运车站旅客厕所推行厕所所长制,"双所长制",分别由房建、客运站领导担任,对旅客厕所的设备和日常保洁各负其责。由房建段段长为担任管辖内车站旅客厕所"车站设备总所长",由直属站站长、车务段段长担任本单位旅客厕所"车站卫生总所长"。现场负责人等分别担任本单位一个旅客厕所"卫生所长",负责对本站旅客厕所保洁质量日常监督检查,全面检查次数不少于每日一次。客运班组长负责本班作业区域内的厕所保洁质量监督检查,检查次数不少于每班两次。车站岗位作业人员负责本岗位区域内的厕所保洁质量的检查,作业中巡查不少于 2～5 小时一次,每次间隔不少于 90 分钟。

厕所保洁质量监督检查内容包括站区各厕所卫生质量、保洁员作业标准、服务用品放置、设备设施状态、保洁质量检查表填写情况等。

(二)厕所备品标准

服务备品齐全完整,质地良好,符合国家环保规定。卫生间配有卫生纸、洗手液(皂)、擦手纸(干手器),坐便器配一次性坐便垫圈,及时补充。

(三)厕所保洁作业

1. 日常保洁

车站负责厕所保洁作业的人员每日接班前要对厕所相关设备设施、服务备品进行全面巡视检查,确保作用良好、运行正常。

车站厕所在每日开放前保洁人员要对厕所地面、便器、蹲位、墙面、洗手台和镜面进行清理。

开放使用期间,要做到及时保洁,做到勤冲、勤刷、勤擦、勤换。保洁人员原则应不少于每小时保洁一次,保持厕所整洁卫生。

大型客站厕所原则上应由专岗保洁人员负责,做到随脏随清,保持便池无积便、洗手台无积水、镜面无水迹、洗手盆无积垢、地面整洁干燥。地面使用防滑垫的要保持清洁卫生。

24 小时不间断开放的车站,如夜间无专职保洁人员的,车站要根据岗位分布和作业情况,指定车站工作人员负责厕所的实时保洁。

保洁人员要及时补充相关服务备品,定时清除厕所垃圾,蹲位内纸篓中的废弃物不超过 2/3。垃圾箱内配垃圾袋,做到袋满扎口清理,垃圾不散落,污水不外溢。

保洁人员、车站工作人员应及时劝阻在厕所抽烟的旅客,以保证厕所环境整洁和空气清新。

厕所开放期间进行保洁作业时,应设置"小心地滑、正在保洁、暂停使用"等提示牌,提醒旅客注意。

厕所每日停用后,要组织对厕所进行全面卫生保洁,重点加强对地面、便器、蹲位、墙面、洗手台和镜面等部位的保洁工作。便器、蹲位清洁干净后,应喷洒消毒液。对墙面、板壁上的"小广告"要进行清除。

2. 深度保洁

车站要根据客流量情况合理安排对厕所的深度保洁作业,深度保洁作业必须安排在车站当日旅客候车、乘降作业完毕后进行。24 小时作业的车站,组织深度保洁时,应合理安排,相互轮换,保证旅客使用要求。大中型车站厕所深度保洁应每旬组织一次,小型车站或客流较低车站厕所深度保洁应每月组织一次。

厕所深度保洁范围除日常保洁部位外,还应包括厕所内 2 米以上部位、吊顶、照明、排气扇等。其中,便器、便池的导水沿凹槽、槽壁、沟槽等部位无积便、积垢;洗手台下部,无积垢、积水;相关设备器具周边无卫生死角。要对日常保洁难以清除的"小广告"进行清理。

(四)厕所环境质量标准

1. 厕所和盥洗间地面洁净,无垃圾、积水、污渍,石材(人造地砖)表面光亮。

2. 厕所内板壁、天花板干净,无污垢,无粘贴物或乱涂乱画痕迹。

3. 厕所四周墙面洁净、光亮,无积尘、积垢、水渍。

4. 盥洗间镜面干净,明亮,无污迹。洗脸台面无杂物、污垢。洗手盆干净,无积垢,下水畅通,无污渍、杂物,不堵塞。

5. 垃圾桶外部四周清洁,无污迹、污渍、积垢。桶内垃圾清理及时,垃圾不外溢。卫生纸架干净,无积灰,卫生纸更换及时。干手器洁净,无积尘或污垢。

6. 纸篓内外整洁,废弃物不超过纸篓容积 2/3,孔式纸篓孔壁无积垢。

7. 便器、便池洁白无积垢,不堵塞,内无污物。便器外侧擦抹干净,物见本色。厕所内无异味。

8. 金属部件光亮,无水迹。

9. 厕所灯具、标识洁净,无积灰、蛛网。

10. 洗手液、芳香球等卫生用品配备齐全,及时补充。

三、卫生防疫

车站要组织开展卫生运动,进行预防传染病的健康教育,倡导文明健康的生活方式,加强环境整治,消除鼠、蟑、蚊、蝇、臭虫等病媒生物危害。

(一)旅客中毒

1. 车站发生旅客疑似食物中毒事件时,车站工作人员应立即向车站(车间)领导和安全生产指挥中心报告,站段向铁路局集团公司相关部门和铁路疾控部门报告。报告内容包括日期、车站、疑似中毒人数、旅客身份信息、中毒症状、可疑食等。

2. 车站应组织做好旅客身份信息登记工作,封锁现场,封存导致或可能导致食品安全事故的食品及其原料、工具及用具、设施设备、中毒人员的呕吐物、排泄物等。铁路食品安全监督管理部门派专业人员开展现场调查和处置,对可能导致旅客中毒的食物应立即停止销售,并采取措施追回已售出的可疑食物,防止事态扩大。

3. 车站应积极配合安全监督、医疗救助和疾病控制机构现场工作。

(二)重大疫情

1. 车站发现疑似鼠疫、霍乱等重大疫情的病例时,应立即向铁路疾控部门和上级主管部门报告。

2. 车站应在采取必要的防护措施后,隔离传染病人、疑似病人和密切接触者,紧急疏散其他旅客,并对有关人员进行登记。登记内容包括姓名、性别、身份证号码、联系方式等。

3. 车站应封锁已经污染或可能污染的区域,由铁路疾控人员对该区域进行消毒。铁路疾控部门消毒处置完毕后,方能解除区域封锁。

4. 车站将传染病人、疑似病人、密切接触者以及其他需要跟踪观察的旅客及资料移交属地卫生部门。

5. 公安部门应维持好站内治安秩序,协助开展区域封锁、旅客隔离、站车移交等工作正常开展。

第二节 重点旅客

重点旅客运输服务工作,践行以人民为中心理念,推进铁路客运服务高质量发展,提升铁路公共服务水平,营造人文关怀氛围,完善旅客运输服务体系,提升重点旅客出行体验。

一、定义及分类

重点旅客是指老、幼、病、残、孕旅客。特殊重点旅客是指年龄、行为、身体状况等原因,在旅行中依靠辅助器具才能行动等需特殊照顾的重点旅客。其中,特殊重点旅客服务细分为无陪伴年长旅客服务、无陪伴孕妇旅客服务、视觉/听觉障碍旅客服务、轮椅/担架(车)行动障碍旅客服务、携带导盲犬旅客服务等。

1. 无陪伴年长旅客服务,一般指面向年龄超过65周岁,单独乘车且行动不便,需要进出站引导以及途中随访关照旅客所提供的服务。

2. 无陪伴孕妇旅客服务,一般指面向怀孕超过36周(含)或预产期在4周(含)以内,单独乘车,需要进出站引导以及途中随访关照旅客所提供的服务。

3. 视觉/听觉障碍旅客服务,指面向视觉(双目有缺陷、失明)/听觉(双耳听力缺陷)障碍旅客所提供的服务。

4. 轮椅/担架(车)行动障碍旅客服务,指面向因病因残导致行动不便且有服务需求旅客所提供的服务。

5. 携带导盲犬旅客服务,指面向因视觉障碍,需携带取得导盲犬工作证,辅助视力残疾人工作、生活的导盲犬进站乘车旅客所提供的服务。

非无陪伴年长旅客、非无陪伴孕妇旅客,以及视觉/听觉障碍旅客、轮椅/担架(车)行动障碍旅客、携带导盲犬旅客,在车站现场经判断确有帮扶必要的,原则上可有不超过2名随行陪同人员,随行陪同人员可随特殊重点旅客享受便利进出站、优先安检、专区候车、优先检票等服务,超出的人员应按照普通旅客旅行。

二、服务内容

重点旅客(可包括不超过 2 名随行陪同人员)可享受优先安检、优先验证、优先检票、引导服务,使用无障碍售票窗口、重点旅客候车室、母婴室(哺乳室)、无障碍卫生间(第三卫生间),以及无障碍服务设施等服务。

特殊重点旅客申请成功后,由铁路客运站车安排服务人员提供便利进出站、优先安检、优先验证、优先检票、引导帮扶、协助乘降,以及提供站内免费轮椅、担架(车)、列车内随访关照等服务,为残疾人携带导盲犬提供便利;设有重点旅客候车室、母婴室(哺乳室)等服务设施的车站,提供专区候车等服务。

重点旅客服务范围原则上限于客运车站进站口 12306 预约旅客会合点至出站口闸机以内的铁路旅客服务区域,包含客运车站进出站通道、候车区域、客运站台,以及在途旅客列车服务区域内。

三、服务申请

持有铁路有效车票且符合特殊重点旅客服务条件的旅客可以在乘车前规定时间内通过线上、线下渠道向铁路部门提出特殊重点旅客服务申请。线上渠道包括铁路 12306 网站、铁路 12306 移动端、铁路畅行码、中国铁路微信公众号、12306 客户服务热线;线下渠道包括铁路车站 12306 服务台、综合服务中心和旅客列车现场。

无陪伴年长旅客、无陪伴孕妇旅客、视觉/听觉障碍旅客、轮椅/担架(车)行动障碍旅客、携带导盲犬旅客可通过铁路 12306 网站、铁路 12306 移动端、中国铁路微信公众号等线上渠道提出预约申请,中国残疾人联合会在册残疾人旅客(限视力、肢体残疾,且残疾等级为 1 级或 2 级)以及无陪伴年长旅客还可通过 12306 客户服务热线提出预约申请,但都应不晚于乘车站列车开车前 6 小时办理。距离开车前不足 6 小时的,应到乘车站 12306 服务台、综合服务中心现场提出申请,办理时限原则上应不晚于乘车站列车开车前 60 分钟。

通过铁路 12306 网站、铁路 12306 移动端、中国铁路微信公众号等线上渠道办理预约申请时,系统应要求特殊重点旅客准确填写其实际乘车站、目的地车站和列车车次、服务需求等信息,同时提交有效车票信息和相关有效证明材料。

1. 无陪伴年长旅客应提交个人真实身份信息。

2. 无陪伴孕妇旅客应提交“诊断证明书”,以及孕妇的连续病历或经医院盖章的孕妇保健手册。

3. 中国残疾人联合会在册残疾人旅客(限视力、肢体残疾,且残疾等级为 1 级或 2 级)应提交残疾人证记载个人信息的内容页。其他视觉/听觉障碍旅客、轮椅/担架(车)

行动障碍旅客的残疾人应提交乘车日前7日内医院医生签字并盖有公章的“诊断证明书”(或出院小结)等。

4. 携带导盲犬旅客在预约申请时应提交相关残疾人证、服务犬工作证、动物健康免疫证明等材料。

5. 现场申请的特殊重点旅客,办理时应出示有效车票信息和相关有效证明材料。

6. 遇旅客突发伤病导致行动不便或可直观判断旅客确属肢体残疾等特殊情况时,客运车站和旅客列车工作人员应按特殊重点旅客服务要求适需开展服务,不再要求其提供相关证明材料。

四、服务审核

通过铁路12306网站、铁路12306移动端、中国铁路微信公众号提出旅客预约申请后,系统将旅客所填写的信息和提交的证明材料推送至乘车站进行审核与受理。

通过12306客户服务热线受理的特殊重点旅客预约申请,客服中心应利用客服中心综合查询系统或客票系统进行核实。对符合预约申请条件的,客服中心应准确了解特殊重点旅客需求并规范填写工单信息,并及时按流程将工单流转至旅客乘车站、旅客列车和目的地车站。对不符合受理条件的,客服中心应及时告知申请人或乘车人无法受理其申请。

旅客乘车站接到特殊重点旅客预约申请时,应对旅客线上提交的证明材料进行核实,确认该旅客是否符合预约申请条件,以及旅客身份信息与所购车票身份信息一致性。对符合预约申请条件的,通过系统以微信、短信等形式将车站12306预约旅客会合点位置,以及特殊重点旅客到站时间,在乘车期间携带并出示相一致的有效证明材料等服务须知通知申请人。旅客预约服务信息应按其服务需求通过系统同步推送至相关客运乘务单位和旅客目的地车站。对不符合受理条件的,客运车站应通过系统及时告知申请人或乘车人,要求其补充有效证明材料,或告知因不符合受理条件无法受理。

中国残疾人联合会在册残疾人(限视力/听力、肢体残疾,且残疾等级为1级或2级)、无陪伴年长旅客的信息,由系统自动对旅客提交信息真实性和旅客年龄进行判定核实。

客运车站长时间未接单的,站段安全生产指挥中心(客运生产服务中心)应及时提醒。

五、服务提供

特殊重点旅客服务申请成功后,特殊重点旅客在乘车站列车开车前60分钟到达车站12306预约旅客会合点，在客运站车乘车期间应按规定出示与线上提交信息相一致的相关有效证明材料。

客运车站应根据列车开车日期、时间，提前做好服务人员安排和辅助器具准备，可在旅客所乘列车开车前2小时前与旅客联系，联系时须使用具有录音功能的电话，确认特殊重点旅客预计到达时间，提醒特殊重点旅客携带相关有效证明材料，通告车站12306预约旅客会合点位置。

对非当日、非本班服务的，应做好特殊重点旅客服务信息的记录和交接。

客运车站应安排客运人员在预计时间到达12306预约旅客会合点，在特殊重点旅客到达后提供适需服务，包括安排特殊重点旅客至重点旅客候车室（区）或其他指定位置候车，及时提供优先检票、便利乘车等服务，并做好站车服务交接工作。

对因现场服务保障能力限制，无法满足旅客使用轮椅、担架（车）等辅助器具需求时，应征询特殊重点旅客意见后尽可能提供服务协助。

对于旅客身份信息与车票身份信息不一致、不符合服务条件，或无法提供相关有效证明材料等情况的，客运车站在说明情况后，有权拒绝提供服务，并应采用音视频记录仪记录，相关资料留存一年。

客运车站安检处、验证处、12306服务台、综合服务中心等遇特殊重点旅客提出现场申请时，车站工作人员应对特殊重点旅客出示的证明材料有效性、真实性进行审核，并核实旅客身份信息与车次信息。

符合受理条件且车站现场具有服务保障能力的，运用信息系统做好信息和服务需求登记，尽可能安排旅客至重点旅客候车室（区）或其他指定位置候车，并适需提供轮椅、担架（车）等辅助器具，及时提供优先安检、优先验证、优先检票、便利乘车等服务，并做好站车服务交接工作。

服务需求信息没有通过系统推送至相关客运段和旅客目的地车站的，办理站车交接时，车站需开具“特殊重点旅客交接簿”（图2-2），同时还需联系旅客到站，告知旅客服务信息。交接簿保留1年。

特殊重点旅客列车到达目的地车站前，目的地车站应根据服务需求，做好人员安排和辅助器具准备工作，并将特殊重点旅客送至合适的出站口。对持联程车票的特殊重点旅客应做好候车、检票等换乘服务。

客运车站要加强信息通报和服务交接，做到事项清楚、流程规范，对是否为系统已有服务单旅客、是否自备或需要辅助器械等关键事项进行确认。特殊重点旅客服务应全程开启音视频记录仪完整记录，相关资料留存一年。

特殊重点旅客交接簿

编号：

局别：中国铁路上海局集团有限公司										填制单位：		站		
旅客服务信息										通知到站		签字		
日期	姓名	车次	发站	到站	车厢席位	日期	类别	服务人	服务内容	时间	受话人	发站客运值班员	列车长	到站客运值班员

说明：1.“类别”栏为老、幼、病、残、孕五类。

2.“服务人”栏为提供具体服务的车站客运员姓名。

3.“服务内容”栏，指优先售票、优先进站、送车、接站等，须注明是否提供轮椅、担架等辅助器具。

4. 本表一式三份，一份自存；二份交列车；原始表格保留一年。

图 2-2 特殊重点旅客交接簿

六、服务管理

1. 旅客通过规定渠道提交预约申请的，并不表示该服务已经申请成功，铁路部门将对证明材料和相关信息真实性进行核查，对不符合受理条件的，铁路部门除有权拒绝提供服务外，还可以在一定期限内限制其服务申请。因客运站车承运数量限额、服务保障能力不足等原因而不能满足重点旅客需求除外。

属于下列行为的，铁路部门有权拒绝提供服务，但应做好解释说明工作：

(1)不满足年龄条件，或不满足单独出行要求等不符合预约申请条件的。

(2)持伪造、过期等无效证明材料或冒用他人有效证明材料的。

(3)提供的证明材料不符合规定，或无法提供规定的有效证明材料的。

(4)现场临时提出申请，或明显超过约定时间到达车站，铁路客运站车现场不具备服务保障能力的。

(5)提出的服务要求，明显超出铁路旅客运输服务范围和能力的。

2. 因列车停运或旅客自行办理退票，其所办理的特殊重点旅客预约申请随即自动取消，相关信息提示系统自动推送至铁路局集团公司客服中心和客运站车。当旅客乘坐的列车发生变动或自行办理改签，预约申请随即自动取消，特殊重点旅客需重新办理特殊重点旅客服务申请。

3. 旅客因自身原因，需要取消重点旅客服务预约申请时，应在乘车站列车开车前2小时通过线上渠道或12306客户服务热线渠道办理取消服务，也可在车站12306服务台或综合服务中心等服务受理岗点办理取消服务。

对违反相关规定，发生下列行为的，旅客将在行为发生日180天内无法通过线上渠道办理相关服务的预约申请：

(1)不符合预约申请条件，但连续2次办理预约申请的。

(2)在1年内办理重点旅客服务预约申请成功后，累计2次未如约到达车站的。

(3)在30天内预约申请重点旅客服务后，因自身原因需要取消重点旅客服务预约申请的，累计2次未在规定时间内办理取消的。

(4)持伪造、过期等无效证明材料或冒用他人有效证明材料的。

(5)在服务过程中，存在辱骂、殴打客运服务人员等不文明行为的。

七、服务设施

为了改善无障碍出行体验，加强进出站、候车室、通道、站台、卫生间、售票窗口、服务台、综合服务中心等旅客服务区域无障碍改造，完善盲道、轮椅坡道和无障碍电(扶)梯、无障碍标识等设置。大中型客运车站应设置重点旅客候车区、母婴室(哺乳室)、无障碍卫生间(第三卫生间)等设施，售票厅、服务台、综合服务中心设有无障碍服务窗口，进站口开设爱心(绿色)通道，楼层间设置无障碍电直梯、坡道或升降平台；其他车站应结合设施设备条件和所提供的服务内容，合理设置相关服务设施设备，在卫生间内设置无障碍服务功能厕位，在检票口附近设重点旅客专座，为重点旅客提供服务便利。

1. 12306 预约旅客会合点。在主要进站口安检、验证设施前设置，位置应合理，方便特殊重点旅客落客乘降，便于寻找，并在醒目位置规范设置标识，公告 12306 服务台或综合服务中心服务电话。具备条件的车站可在 12306 预约旅客会合点设置可以与 12306 服务台或综合服务中心通话功能的呼叫器，如图 2-3 所示。

图 2-3 12306 预约旅客会合点标识

2. 售票专窗(含无障碍专窗)。重点旅客售票专窗(含无障碍专窗)，优先为重点旅客提供售(取)票、改签、退票等业务，如图 2-4 所示。

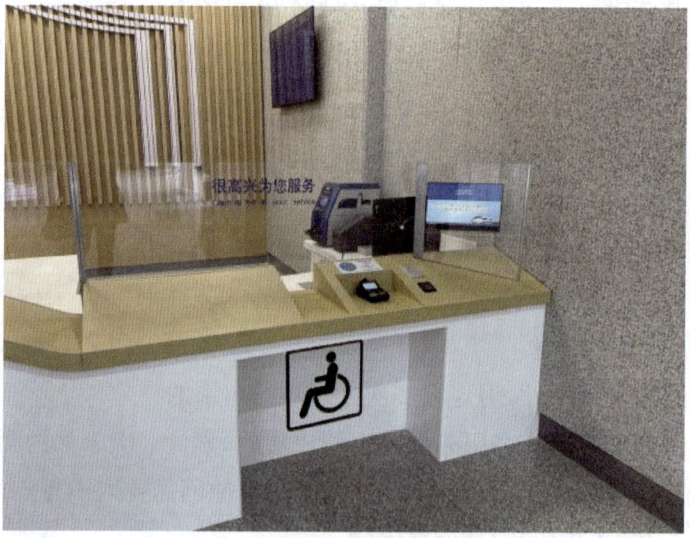

图 2-4 无障碍专窗

3. 进站、检票专用通道。日均客发 10 000 人以上或地级市及以上城市的车站，在进站口、检票口设置重点旅客专用通道，可与军人、商务、铁路通勤职工通道合设，方便重点旅客优先进站、检票。

4. 重点旅客候车区。重点旅客候车区(图 2-5)可与军人候车区合设，并选择靠近检票口或方便检票进站的位置，设置标识明显重点旅客候车专座，为重点旅客提供候车、检票服务便利。

图 2-5　重点旅客候车区

5. 无障碍厕所。无障碍厕所(图 2-6)的设置应符合相关要求,内部应设置坐便器、洗手盆、挂衣钩、呼叫器、安全抓手等。

图 2-6　无障碍厕所

6. 母婴室(哺乳室)。地级市及以上城市的车站候车室应设置相对封闭的母婴室(哺乳室)。配有防滑地面、带安全扣的婴儿尿布台、提供热水和洗手液的洗手台、婴儿床、饮水机、座椅、桌子、电源插座、垃圾桶、保护哺乳私密性的可上锁的门、帘子遮挡设备等,有条件的可配置恒温空调、尿不湿自动售货机、呼叫设备等,如图 2-7 所示。

图 2-7 母婴室(哺乳室)

7. 儿童娱乐区。提供安全、简易的多功能儿童游客设施。设置的防护围栏和游乐设施应符合国家儿童游乐设施标准,如图 2-8 所示。

图 2-8 儿童娱乐区

第三节 依法优先

军人军属、退役军人及其他优抚对象为国防和军队建设、保护人民群众生命财产安全作出了重要贡献,应当得到国家和社会的优待,努力让优抚对象受到全社会尊重。

一、优先保障对象

1. 军队人员及随行家属。军队人员包括中国人民解放军和武警部队现役军人、文职人员、军队离退休干部、残疾军人,凭中国人民解放军和武警部队军官证、文职干部证、警官证、士官证、义务兵证、文职人员证、军队离退休干部证、残疾军人证证明身份。可享受优先政策的随行家属数量原则上不多于2名，不需要出具与军人本人的关系证明。

2. 消防救援人员及其随行家属。消防救援人员包括在职消防救援人员、退休消防救援人员、残疾消防救援人员，分别凭国家综合性消防救援队伍干部证、国家综合性消防救援队伍消防员证、国家综合性消防救援队伍退休证，以及退役军人事务部印制、应急管理部发放的国家综合性消防救援队伍残疾人员证（在正式发放前凭中华人民共和国残疾军人证）证明身份。可享受优先政策的随行家属数量原则上不多于2人，不需要出具与消防救援人员本人的关系证明。

二、优先保障措施

1. 购票优先

各站均应设置军人优先购票窗口，有条件的车站设立军人购票专窗，条件不具备的应结合现有重点旅客窗口合设，为军人购取车票提供优先服务。军人售票窗口应在醒目位置按标准设置“军人依法优先”。

2. 进（出）站优先

条件允许的车站，应设立军人专用通道；条件不具备的车站，结合现有商务座、重点旅客等通道合设，并设置明显的“军人依法优先”标识，如图2-9所示。

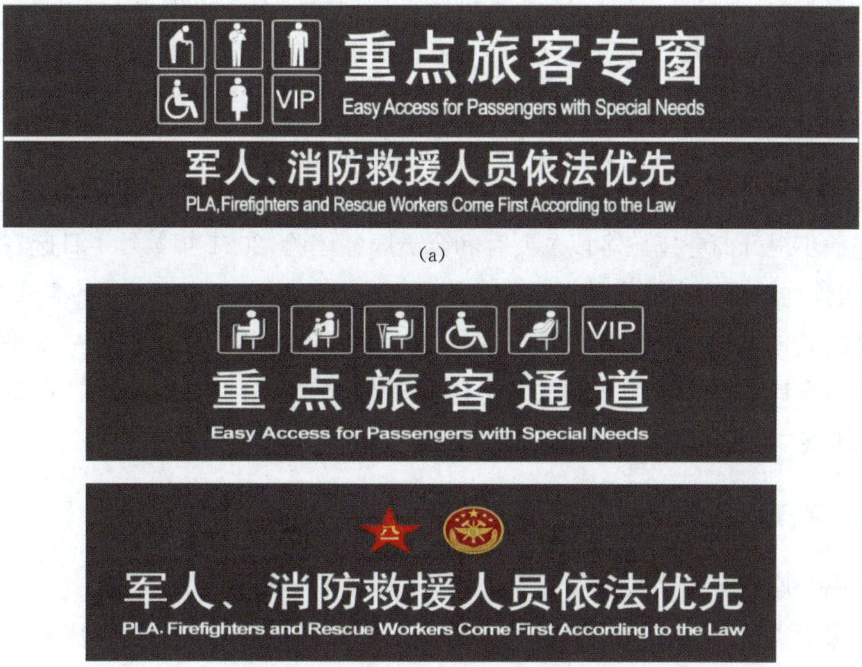

(a)

(b)

图2-9　军人、消防救援人员依法优先标识

3. 候车优先

各直辖市、省会城市、计划单列市、军级以上单位驻地和部队相对集中地的主要客运站，应设军人候车区，有条件的应当单独设置军人候车室，条件不具备的要利用重点旅客候车专区(座)做好服务。其他车站应积极结合现场条件，合理设置军人候车专区(座)。

军人专用候车室(区)有条件的应设置重点保障区域，为携带机要文件、执行应急任务和重大活动、残疾军人、离退休干部提供服务保障，日常使用由任务单位提前与车站或现场军代表联系安排。无军人专用候车室(区)的车站，遇有军人携带机密级以上文件候车，凭旅以上单位保密部门出具的携密证明，应安排在其他专用候车区候车。

4. 行包优先托运

行包运输优先托运、优先装运、优先交付。

中铁快运公司应在车站行包承运处、到达处设立军人优先办理窗口，优先为军人办理行包托运和交付工作，并在行李票、快运运单上加盖“军人依法优先”专用戳记。

5. 应急出行优先

军人因紧急任务需铁路出行，但所乘列车无票额时，经现场核实，可凭各地区军代室开具并加盖地区军代室印章的军人进站上车补票证或由车站开具客运记录后，予以安排进站上车。对有特殊管控要求和严禁超员的列车，原则上不予开具。车站检票口工作人员应按照军人进站上车补票证或客运记录信息，核准乘坐车次，提供相关咨询和优先上车补票服务。列车应及时为持军人进站上车补票证或客运记录上车的军人办理补票手续。遇有国家重大活动或重点方向有安保要求的，按照国家相关政策法规执行。

第四节　商务座服务

为进一步提升商务座旅客以及要客和会员服务体验，2021 年 7 月 1 日起在直辖市、省会城市、计划单列市主要高铁车站和日均发送商务座旅客 100 人以上的高铁车站以及具备条件的其他车站开展商务座服务提质，进一步提升高等级席别客座率水平，逐步构建形成覆盖全局高铁大中型车站的商务座服务网，在此基础上逐步拓展“铁路畅行”常旅客会员服务，满足旅客差异性服务需求。

一、商务座旅客服务

车站商务座旅客专项服务项目为商务座旅客提供车站全流程服务。

1. 专属信息。铁路 12306 为购买商务座的旅客发送专属消息提醒服务，提示商务座专用验证迎宾通道位置、专属餐食预订链接等相关信息服务。

2. 专用通道。车站设置商务座专用实名验证和安全检查通道，工作人员迎候商务座旅客，指引旅客到商务座候车区。

3. 专区候车。车站结合实际合理设置独立封闭的商务座候车区(图 2 10)，直辖市、省会城市、计划单列市主要高铁车站商务座候车区满足旅客候车需求，设置私密性良好的独立包厢及卫生间。设置明显服务标识，配置商务座服务系统，提供入厅登记、小食饮品、报刊书籍、Wi-Fi 网络、手机充电、视听娱乐、商务打印、特色文旅等服务。在商务座候车区提前检票，提前检票时间由各站结合旅客走行距离等确定。为预定专属餐食的旅客按预定时间供餐。商务座服务系统检票前 10 分钟向旅客发送提醒信息。

图 2-10　商务座候车区

4. 专人引导。安排专人按车次持检票核验凭条引导旅客至检票口，通过便捷检票通道引导旅客进站，送至车厢门口，主动为旅客提供行李提拉服务，对特定旅客按标记要求安排人员引导。

5. 便捷出站。旅客可以在网站订单中、车站商务座候车区、车上商务座服务人员，在到站 1 小时前进行出站引导预约。车站根据旅客预约情况，安排专人引导出站。联程票前段为商务座，并预约引导出站服务时，将旅客按照便捷换乘通道引导至后段席别对应的候车区域。

“复兴号”动车组列车优选一等座服务标准在商务座服务基础上进行了优化、简化。提供除列车到站预约引导的服务外，为优选一等座旅客提供商务座专用通道、专区候车、便捷检票服务。

二、两院院士服务

1. 服务对象

中国科学院院士和中国工程院院士，及随同出行的陪同人员一名。

2. 服务内容

已购票院士旅客可在开车前 1 小时以上拨打北京客服中心专席电话(010-51822888)预约“铁路畅行”服务。铁路为预约院士提供专用通道、专区候车、专人引导、车内服务、便捷出站等服务,流程如图 2-11 所示,按需协调提供其他服务。

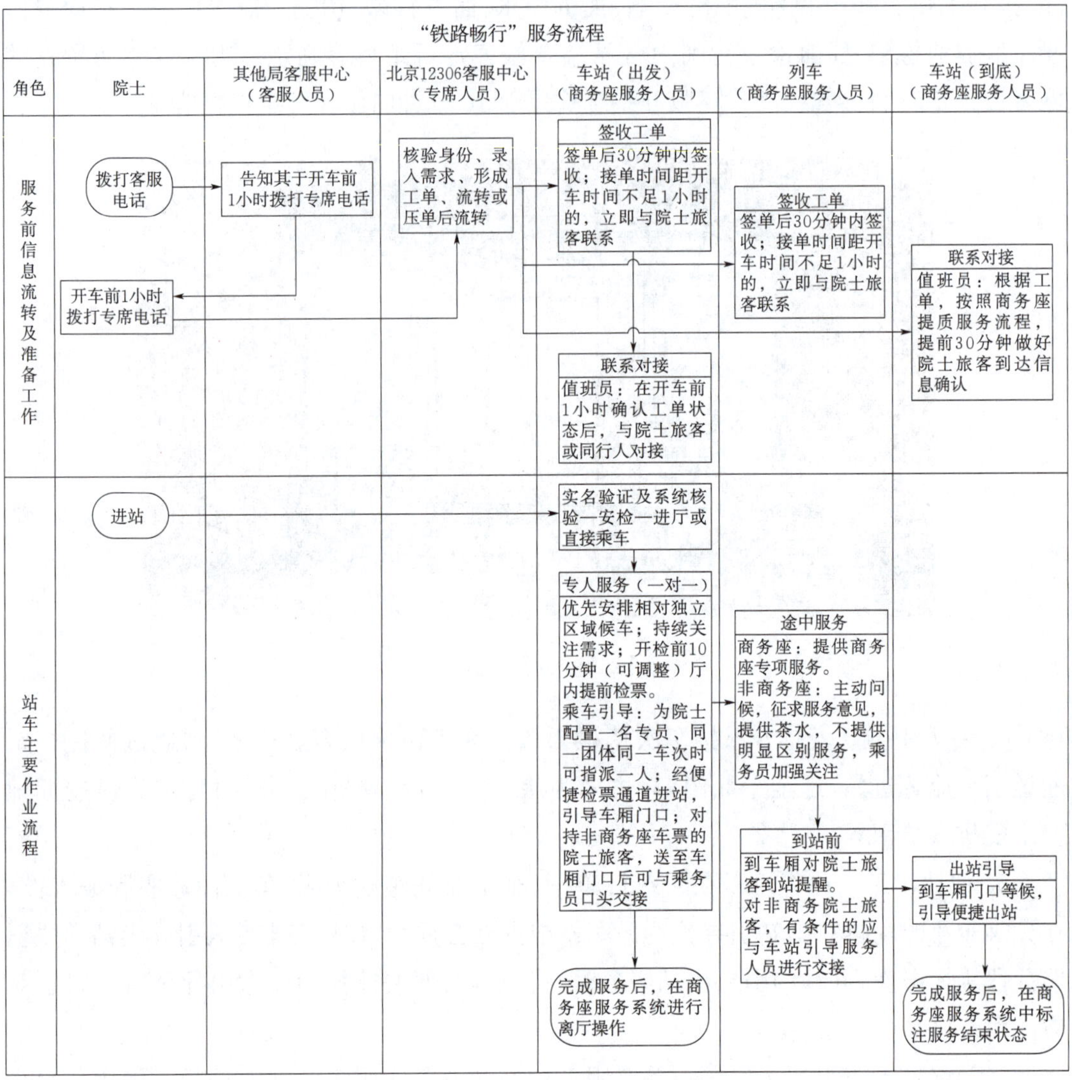

图 2-11 “铁路畅行”服务流程

3. 工单流转

(1)已购票院士旅客可在开车前 1 小时以上拨打北京客服中心专席电话(010-51822888)预约“铁路畅行”服务,服务专席受理后生成服务工单。本局客服中心接到两院院士服务预约电话时,均告知其在开车前 1 小时以上拨打北京客服中心“铁路畅行”专席电话。

(2)服务工单经北京客服中心审核后,流转至商务座服务系统,同时经客管系统、站车无线交互系统流转至相关站车单位和人员。开车前两日及以上的订单,12306 客服系统进行压单处理,在开车前一日 8 点前再行流转,开车前一日以内的订单实时流转。

(3)车站商务座服务人员应在接单后 30 分钟内在商务座服务系统签收工单。如接单时间距开车时间不足 1 小时的,车站商务座服务人员接单后应立即与院士旅客联系。

第五节　旅客携带品

为了方便旅客旅行生活,可以将旅行中所需要的物品带入乘坐的列车内,随身物品由旅客自行负责看管,为了维护正常的乘降秩序,确保运输安全,将对旅客携带品的范围有所限制。本节主要介绍旅客携带物品,禁止、限制携带和托运物品。

一、旅客携带物品重量和体积

旅客携带品由自己负责看管。旅客需妥善放置携带品,不得影响公共空间使用和安全。每人免费携带品的重量和规格是:儿童 10 千克,外交人员 35 千克,其他旅客 20 千克。每件物品外部尺寸长、宽、高之和不超过 160 厘米,杆状物品不超过 200 厘米,但乘坐动车组列车均不超过 130 厘米;每件重量不超过 20 千克。平衡车、滑行器等轮式代步工具须使用硬质包装物妥善包装。

依靠辅助器具才能行动的老、幼、病、残、孕等特殊重点旅客旅行时代步的折叠式轮椅,以及随行婴儿使用的折叠婴儿车,可免费携带并不计入上述范围。

二、国家禁止或者限制运输物品

为保障车站、旅客列车等公共场所内外整洁、空气清新,妨碍公共卫生的物品,能够损坏或污染车辆的物品,以及活动物(导盲犬和作为食品且经封闭箱体包装的鱼、虾、蟹、贝、软体类水产动物除外)不得随身携带乘车。

公益性"慢火车"可以允许旅客随身携带少量家禽家畜和日用工具农具。铁路运输企业与旅客另有约定的,按照其约定。

军人、武警、公安民警、民兵、射击运动员等人员依法可以携带、托运枪支弹药或者管制器具的,按照国家有关规定办理。

在特定区域、特定时间、中央和国家有关部门根据需要依法决定提升铁路禁止、限制携带和托运物品查控标准的,从其规定。

国家禁止托运和随身携带物品名称,见表 2-1 所示。国家禁止随身携带但可以托运物品名称,见表 2-2。国家限制随身携带物品名称,见表 2-3。

表 2-1 禁止托运和随身携带物品

品类	具体物品
枪支、子弹（含主要零部件）	军用枪、公务用枪：手枪、冲锋枪、步枪、机枪、防暴枪等以及各类配用子弹
	民用枪：气枪、猎枪、运动枪、麻醉注射枪等以及各类配用子弹
	道具枪、发令枪、钢珠枪、催泪枪、电击枪等以及各类配用子弹
	上述物品的样品、仿制品
爆炸物品类	弹药：炸弹、照明弹、燃烧弹、烟幕弹、信号弹、催泪弹、毒气弹、手雷、地雷、手榴弹等
	爆破器材：炸药、雷管、导火索、导爆索、震源弹、爆破剂等
	烟火制品：礼花弹、烟花（含冷光烟花）、鞭炮、摔炮、拉炮、砸炮等各类烟花爆竹，发令纸、黑火药、烟火药、引火线，以及“钢丝棉烟花”等具有烟花效果的制品等
	上述物品的仿制品
管制器具	管制刀具：根据《管制刀具分类与安全要求》（GA 1334—2016），认定为管制刀具的专用刀具（匕首、刺刀、佩刀、三棱刮刀、猎刀、加长弹簧折叠刀等）、特殊厨用刀具（加长砍骨刀、加长西瓜刀、加长分刀、剔骨刀、屠宰刀、多用刀等）、开刃的武术与工艺礼品刀具（武术刀、剑等），以及其他管制刀具[超过《日用刀具分类与安全要求》（GA/T 1335）规定的尺寸规格限制要求的各种刀具]
	其他器具：警棍、军用或警用匕首、催泪器、电击器、防卫器、弩、弩箭等
易燃易爆物品	压缩气体和液化气体：氢气、甲烷、乙烷、环氧乙烷、二甲醚、丁烷、天然气、乙烯、氯乙烯、丙烯、乙炔（溶于介质的）、一氧化碳、液化石油气、氟利昂、氧气（供病人吸氧的袋装医用氧气除外）、水煤气等
	易燃液体：汽油（包括甲醇汽油、乙醇汽油）、煤油、柴油、苯、酒精、酒精体积百分含量大于70%或标志不清晰的酒类饮品、1-环氧丙烷、2-环氧丙烷、二硫化碳、甲醇、丙酮、乙醚、油漆、稀料、松香油等
	易燃固体：红磷、闪光粉、固体酒精、赛璐珞、发泡剂 H、偶氮二异庚腈等
	自燃物品：黄磷、白磷、硝化纤维（含胶片）、油纸及其制品等
	遇湿易燃物品：金属钾、钠、锂、碳化钙（电石）、镁铝粉等
	氧化剂和有机过氧化物：高锰酸钾、氯酸钾、过氧化钠、过氧化钾、过氧化铅、过醋酸、双氧水、氯酸钠、硝酸铵等
毒害品	氰化物、砒霜、硒粉、苯酚、氯、氨、异氰酸甲酯、硫酸二甲酯等高毒化学品以及灭鼠药、杀虫剂、除草剂等剧毒农药等
腐蚀性物品	硫酸、盐酸、硝酸、氢氧化钠、氢氧化钾、有液蓄电池（含氢氧化钾固体、注有酸液或碱液的）、汞（水银）等
放射性物品	指含有放射性核素，并且其活度和比活度均高于国家规定豁免值的物品，详见《放射性物品分类和名录（试行）》
感染性物质	包括可感染人类的高致病性病原微生物菌（毒）种和感染性样本，详见《人间传染的病原微生物名录》中危害程度分类为第一类、第二类的病原微生物
其他危害列车运行安全的物品	可能干扰列车信号的强磁化物
	硫化氢及有强烈刺激性气味或者有恶臭等异味的物品
	容易引起旅客恐慌情绪的物品
	不能判明性质但可能具有危险性的物品
其他	法律、行政法规、规章规定的其他禁止携带、运输的物品

表 2-2 禁止随身携带但可以托运物品

品　类	具体物品
锐器	菜刀、水果刀、剪刀、美工刀、雕刻刀、裁纸刀等日用刀具(刀刃长度超过 60 毫米);手术刀、刨刀、铣刀等专业刀具;刀、矛、戟等器械
钝器	棍棒、球棒、桌球杆、曲棍球杆等
工具农具	钻机、凿、锥、锯、斧头、焊枪、射钉枪、锤、冰镐、耙、铁锹、镢头、锄头、农用叉、镰刀、铡刀等
其他	反曲弓、复合弓等非机械弓箭类器材,消防灭火枪,飞镖、弹弓,不超过 50 毫升的防身喷剂等
动物	持有检疫证明、装于专门容器内的小型活动物,铁路运输企业应当向旅客说明运输过程中通风、温度条件。但持工作证明的导盲犬和作为食品且经封闭箱体包装的鱼、虾、蟹、贝、软体类水产动物可以随身携带

表 2-3 限制随身携带物品

品　类	具体物品
酒类饮品	包装密封完好、标志清晰且酒精体积百分含量大于或者等于 24%、小于或者等于 70%的酒类饮品累计不超过 3 000 毫升
含易燃成分的非自喷压力容器日用品	香水、花露水、喷雾、凝胶等含易燃成分的非自喷压力容器日用品,单体容器容积不超过 100 毫升,每种限带 1 件
指甲油、去光剂	指甲油、去光剂累计不超过 50 毫升
自喷压力容器	冷烫精、染发剂、摩丝、发胶、杀虫剂、空气清新剂等自喷压力容器,单体容器容积不超过 150 毫升,每种限带 1 件,累计不超过 600 毫升
安全火柴、普通打火机	安全火柴不超过 2 小盒,普通打火机不超过 2 个
充电宝、锂电池	标志清晰的充电宝、锂电池,单块额定能量不超过 100 瓦时,含有锂电池的电动轮椅除外
其他	法律、行政法规、规章规定的其他限制携带、运输的物品

三、旅客违章携带的物品处理

旅客违章携带的物品按下列规定处理:

1. 在乘车站禁止进站上车。

2. 在车内或下车站,对超过免费重量的物品,其超重部分应自上车站至下车站补收行李运费。对不可分拆的整件超重、超大物品、活动物,按该件全部重量补收上车站至下车站行李运费。列车不具备补收条件时可交前方停车站处理。

3. 发现危险品或禁限物品,妨碍公共卫生的物品,损坏或污染车辆的物品时,列车交前方停车站处理,车站按该件全部重量加倍补收上车站至下车站行李运费;涉嫌违法犯罪的送交公安部门处理,对有必要就地销毁的危险品或禁限物品应按有关规定处理。

4. 如旅客携带超重、超大的物品价值低于运费时,可按物品价值的 50%核收运费。

5. 补收运费时,不得超过本次列车的始发站和终到站。不能判明上车站时,自始发站起计算。

【例 2-1】 20××年 11 月 28 日，T×××次列车（北京—上海，新空）到达无锡站，车站组织旅客出站时，发现 1 名旅客持当日当次德州—无锡硬座车票，携带旅行包 2 个，分别重 15 千克、13 千克，无锡站应如何办理？（写出理论依据、计算过程并填制票据）

解：《国铁集团客规》规定，每一成人免费携带品的重量不超过 20 千克。在车内或下车站，对超过免费重量的物品，其超重部分应自上车站至下车站补收行李运费。

德州—无锡　960 千米

15＋13－20＝8（千克）

8 千克行李运费：8×0.491＝3.928≈3.90（元）

填写“客运运价杂费收据”，如图 2-12 所示。

上海局集团公司

客运运价杂费收据

20××年 11 月 28 日　　（存根）

<table>
<tr><td rowspan="4">原票据</td><td>种别</td><td>日期</td><td></td><td colspan="4">月　日　时到达、通知、变更</td></tr>
<tr><td rowspan="3"></td><td>号码</td><td></td><td colspan="4" rowspan="2">月　日　时　交　付</td></tr>
<tr><td>发站</td><td></td></tr>
<tr><td>到站</td><td></td><td colspan="4">核收保管费　　日</td></tr>
<tr><td colspan="4" rowspan="2">核 收 区 间</td><td colspan="3">核收费用</td><td rowspan="2">款　额</td></tr>
<tr><td>种别</td><td>件数</td><td>重量</td></tr>
<tr><td colspan="4" rowspan="5">自 德州 站
至 无锡 站
经由（ / ）
座别 硬 人数 壹</td><td>行李运费</td><td></td><td>8</td><td>3.90</td></tr>
<tr><td></td><td></td><td></td><td></td></tr>
<tr><td></td><td></td><td></td><td></td></tr>
<tr><td></td><td></td><td></td><td></td></tr>
<tr><td colspan="3">合　计</td><td>3.90</td></tr>
<tr><td>记事</td><td colspan="7">T×××次列车到达，携带品超重 8 千克。姓名×××，身份证号××…××。</td></tr>
<tr><td colspan="8">无锡 站经办人㊞印</td></tr>
</table>

A000000

图 2-12　客运运价杂费收据（例 2-1）

【例 2-2】 20××年 11 月 28 日，K××次列车（昆明—上海南，经由春申，新空）到达上海南站，车站组织旅客出站时，发现 1 名旅客持当次金华—上海南硬座电子客票 1

张，携随身携带手提包 1 件 8 千克和旅行包 1 件 11 千克，经查手提包内装有鞭炮，上海南站应如何办理？（写出理论依据、计算过程并填制票据）

解：《国铁集团客规》规定，发现危险品或禁止、限制运输的物品，按该件全部重量加倍补收上车站至下车站行李运费。对有必要就地销毁的危险品应按有关规定处理。

金华—上海南　360 千米

加倍补收 8 千克行李运费：8×0.196×2＝3.136≈3.10（元）

鞭炮浸湿销毁，填写“客运运价杂费收据”，如图 2-13 所示。

上海局集团公司

客运运价杂费收据

20××年 11 月 28 日　　（存根）

原票据	种别	日期		月　日　时到达、通知、变更			
		号码		月　日　时　交　付			
		发站		核收保管费　日			
		到站					
核收区间				核收费用			款　额
				种别	件数	重量	
自　金华　站 至　上海南　站 经由（　春申　） 座别　硬　人数　壹				加倍行李运费		8	3.10
				合　计			3.10
记事	K××次列车到达，携带手提包 1 件 8 千克，内装鞭炮。姓名×××，身份证号××…××。						

上海南　站经办人㊞印

A000000

图 2-13　客运运价杂费收据（例 2-2）

四、遗失物品

遗失物品是指在客运车站或旅客列车上发现的旅客不慎遗失的财务。加强对旅客遗失物品的管理，也是为了更好地服务旅客，同时也是切实提高旅客乘车体验的服务举措。

(一)遗失物品交接

1. 客运车站设失物招领处,招领处设置“旅客遗失物品登记簿”(图 2-14)或电子台账。工作人员接到遗失物品时,应与拾得者当面清点、交接,并进行登记。台账填写及时、准确,如需修改应划线标注,并加盖名章,不得使用修正液(带)等用具进行涂改。

旅客遗失物品登记簿

编号	拾得物品					处理情况(时向及转送、客记编号、领取、上交等情况)	领取情况				备注
	日期	地点/车次	收据(客运记录)号码	品名件数	具体物品名称(客运记录摘要)		时间	交付人	领取人	证件及电话号码	

图 2-14　旅客遗失物品登记簿

2. 客运车站工作人员(含保洁人员)拾获或接到列车移交的遗失物品,应及时交招领处。

3. 列车运行中发现的遗失物品,应移交旅客下车站,不能判明旅客下车站时,应移交列车前方站或终到站。移交时填记客运记录,详细登记遗失物品品名、件数、状况等,站车办理签字交接。

4. 列车向车站移交遗失物品(包括鲜活、容易变质和腐败的物品或食品等)时,车站不得以任何理由予以拒接。

5. 移交现金时,车站办理交接人员需确认列车长在客运记录上载明币种(不能判明币种的,注明“外币”)、金额和各面值张数。站车在交接现金时,均不得要求移交方填记每张钱币的编号。车站接到列车需向车站移交大量现金的通知后,应由车站(或车间)管理人员接车,并办理交接手续。因列车停站时间短,无法全部清点时,车站应先办理交接,再由车站组织人员清点。

(二)遗失物品招领与查找

1. 车站发现旅客遗失物品应积极寻找失主,对有旅客联系方式的遗失物品,及时联系旅客领取。对无人认领的遗失物品,车站应及时在铁路 12306 网站(含铁路 12306 移动端)或车站发布招领公告。

2. 车站招领处接到库内保洁人员转送的遗失物品,应及时核对遗失物品查找工单,发现有旅客在查找的，及时与旅客联系，并反馈铁路局集团公司 12306 客服中心。

3. 车站收到铁路局集团公司 12306 客服中心的遗失物品工单后，在 30 分钟内签收，并根据失主提供的相关信息及时查找。查找时，应适当扩大查找范围。

4. 自接到遗失物品工单起 6 小时内[23:00—(次日)6:00 间可顺延]将遗失物品查找结果通过系统终端向铁路局集团公司 12306 客服中心反馈，并告知旅客查找结果。车站如查找到遗失物品的，应同时联系旅客领取。在反馈工单“未找到”后又找到遗失物品的，由站段联系旅客，并向铁路局集团公司 12306 客服中心反馈查找结果。

(三)遗失物品保管

1. 车站应妥善保管遗失物品，遗失物品的保管期限为发布招领公告之日起 1 年，但低价值遗失物品保管期限为 3 个月。鲜活易腐物品和食品不负责保管。标有保质期的物品，保管期限参考保质期，最长不超过 1 年。如在保管期间出现电子产品电池鼓胀、物品腐烂变质异味等存在安全隐患或妨碍公共卫生的情况，经本站站长(车间主任)审核确认后，可视情况提前报废处理。如因故意或者重大过失致使遗失物品毁损、灭失的，应与旅客协商，予以合理赔偿。

2. 车站设置专门的遗失物品存放处所，安排人员专管，具备条件的可单独设置存放室(库)，配置货物架、保管箱柜，有防火、防盗措施。贵重物品应单独加锁保管，有条件的可放置在保险箱内。原则上应自拾到遗失物品后 24 小时内放入存放处所，并做好记录，详细登记遗失物品存放及出入库情况，做到账物相符。遗失物品应以适当形式加附物品相关信息标签，定位摆放整齐，便于管理及查找。

3. 拾得的现金，无人认领的应自拾到之日起 15 日内交本单位财务部门，列其他应付款并开具收据。所拾得的现金为非人民币时，由站段兑换成人民币后处理。银行无法兑换的，由站段存入保险箱内进行保管。拾得的现金入账后，如失主前来领取，车站应认真核实相关信息，经站段遗失物品处置领导小组审核确认后，出具相关说明交本单位财务部门，将现金归还失主，所退款项冲减其他应付款。按规定保管满 1 年后仍无人领取，转列营业外收入。失主丢失的非人民币现金，在领取时因汇率因素产生损失的，站段不予负责。

(四)遗失物品认领

1. 失主领取遗失物品时，招领处工作人员应认真核对有效身份信息、时间、地点(车次)、品名、件数(重量)等，确认无误后，予以签字交接。

2. 失主委托他人领取遗失物品的，车站应使用具备录音功能的电话与失主确认受委托人基本信息，并告知需携带相关证明材料。领取时应要求受委托人出具委托证明、本人身份证件原件及失主身份证件复印件(照片)。

3. 通过旅客列车转送的，转运至失主乘车站或下车站。失主要求转运至其他地方时，为车站有直达旅客列车的经停站。车站应提前与到站联系，并填写客运记录(附物品清单)，与列车进行交接。

4. 失主要求通过寄递方式转送的，工作人员告知寄递费用由失主承担。办理寄递时，车站应认真核对、交付，并做好寄递相关信息留存。快递发出后，工作人员应及时通知失主。

(五)遗失物品处理

1. 遗失物品保管期满仍无人认领的，客运站段统一委托具有相应资质的路内单位变卖回收处理。变卖处理时，由经办人员整理汇总需变卖处理的遗失物品，经站段遗失物品处置领导小组审核同意后，方可变卖处理。遗失物品变卖收入统一交本单位财务部门，由财务部门开具收据，列营业外收入。

2. 车站对旅客身份证等证件类遗失物品，应加强管理，对获取遗失旅客联系电话的，车站联系旅客领取；对无法联系到旅客的，妥善保管。处理证件类遗失物品过程中，须遵守《中华人民共和国民法典》《中华人民共和国个人信息保护法》等相关法律法规，严格保密证件类遗失物品个人信息，确保个人信息仅用于帮助旅客找回证件。

3. 对遗失物品中符合《铁路旅客禁止、限制携带和托运物品目录》规定物品的，按禁限物品相关规定处置。

第六节　投诉建议

旅客投诉是指在铁路旅客运输服务过程中，旅客对铁路运输企业所提供的服务不满意进行反映或提出解决诉求的行为。改进服务质量，最直接也是最重要的衡量标尺就是旅客的感受。积极受理并回应旅客投诉建议，是推动铁路客运服务质量不断提高的重要途径。

旅客投诉受理渠道主要包括电话、互联网、信函等方式，以及社会监督机构、上级单位和政府部门等转来的投诉。

旅客投诉处理基本原则为首诉负责、统一受理、依法合规、专业管理、客观公正、注重实效。处理合理投诉的基本技巧是先处理情绪，再处理问题。

一、投诉受理

客服中心在受理旅客投诉时，应详细了解具体情况，经判定属客运文件相关规定范畴的，应直接向投诉人做好解释说明或提出处理建议。需进行调查的，应按规定受理，并转涉诉单位调查。客服中心受理的所有投诉均通过中国铁路客运管理信息系统进行流转。流转的旅客投诉，应包含投诉人姓名、联系方式、车票信息等，投诉问题发生的时间、地点、事由，旅客诉求及投诉对象相关信息，可提供的有关证据等内容。

对旅客来信来访或上级转来的投诉问题，由上海局集团公司客运部根据投诉问题的具体情况，采取直接调查或通知相关单位调查、处理。

遇以下情况不按投诉受理：

1. 经行政、司法、公安、仲裁机构受理或双方达成协议，无新投诉事由的。

2. 违反法律法规、铁路规章制度，或对铁路规章制度、作业流程不理解、误解的。

3. 因不可抗力、非铁路责任或旅客自身原因造成的。

4. 不属于铁路旅客运输服务范围的。

5. 投诉已办结，无新投诉事由的。

6. 不满足《国铁集团客规》《中国铁路上海局集团有限公司客运服务质量监督监察办法》《铁路旅客运输服务质量规范》等相关规定所述条件的。

二、投诉处置

1. 投诉流转时间

客服中心在受理旅客投诉后应及时流转，特殊情况可适当延长流转时间，但原则上中心直接受理的投诉不超过 12 小时，上级部门流转的投诉不超过 24 小时，涉及动车组列车商务座和普速旅客列车高级软卧的旅客投诉不超过 6 小时。

2. 投诉流转要求

(1)涉诉单位涉及多个单位时，旅客投诉应一并流转至相关单位. 对旅客投诉可能构成客运安全红线、严重及以上服务质量问题，或可能引起严重负面影响或群体事件的，应及时报告铁路局集团公司客运处和相关业务主管部门。

(2)客服中心接到非本铁路局集团公司范围内的旅客投诉时，应及时流转至涉诉铁路局集团公司客服中心。

3. 投诉处置时间

涉诉单位应在接到旅客投诉流转后，24 小时内将调查情况反馈客服中心。遇情况复杂，一时难以调查核实清楚的，应及时向客服中心说明，并在 72 小时内反馈调查结果。

4. 投诉处置要求

(1)对涉及旅客人身伤害的旅客投诉，相关站段应按照客伤处理规定和流程进行处理，不列入投诉统计。

(2)被诉单位接到客服中心流转的旅客投诉后，应立即组织调查核实、证据收集，必要时可与旅客进行联系沟通了解情况。对确有责任的，应按规定正确处理。对不属于投诉受理范围的或非铁路责任的旅客投诉，应做好解释说明或提出建议。

(3)对旅客无直接证据证明站车现场工作人员在处理旅客违章时，存在与旅客发生肢体冲突、口角或辱骂旅客情节的，原则上应视为无责投诉。

(4)对较为突出、典型的投诉问题，由铁路局集团公司客运部直接组织调查。对涉及旅客投诉客服中心服务质量问题的，铁路局集团公司客运部和客服中心应及时开展调查，按规定处理。

(5)各单位应指定相关管理人员负责旅客投诉的调查处理，投诉处理人员应了解法律法规知识、熟悉客运业务，投诉处理过程中处理人员应相对固定。与旅客电话沟通时，应尽量使用具有录音功能的电话。站段不得让涉诉班组工作人员直接与旅客进行联系、沟通和处理。

(6)被诉单位应本着尊重事实、客观公正、依规处理的原则进行投诉问题的调查处理。在问题未调查清楚前，不得轻易向旅客表态或承诺。

(7)涉诉单位的调查核实情况，应客观公正，与事实相吻合，不得避重就轻，有所隐瞒。调查核实情况应通过工单系统进行反馈，反馈内容主要包含投诉事由、是否属实、调查情况和对旅客的处理结果。

(8)对涉诉单位故意避重就轻，隐瞒事实的，经核实，铁路局集团公司客运部将严肃追究责任，并根据实际情况予以升级定性处理。

(9)涉诉单位在进行旅客投诉调查处理时，不得要求旅客向客服中心申请撤诉。旅客自愿对投诉内容要求撤诉的，不影响铁路局集团公司客运部对投诉问题的调查和定性处理。

5. 投诉处理办结条件

(1)被投诉单位与旅客之间达成一致意见，投诉问题得到妥善解决的。

(2)旅客不认可投诉处理结果或对投诉处理不服的，但经铁路运输企业业务主管部门认定处理结果依法合规的。

(3)经调查核实，不属于投诉受理范围，或投诉不成立的。

(4)经调查核实，投诉事实不清，或属歪曲事实、诽谤、敲诈勒索、提出不合理要求的。

三、现场报备

1. 现场工作人员在处理旅客违章时，要注意自身行为规范，并采用音视频记录仪、视频监控系统等设备记录处置全过程，不具备音视频记录条件时应收集 2 名旅客以上的证人证言。相关音视频记录、旅客旁证材料应妥善保管。

2. 现场工作人员如遇旅客故意刁难、违章拒绝处理等情况时，且预估旅客可能进行恶意投诉的，可将相关情况向本单位生产指挥中心或职能科室报告。单位分管人员对现场工作人员报备的情况审核后，进行投诉报备。

3. 报备的内容，应真实无误，内容主要是日期、车次(车站)、旅客姓名、身份证件(种类、号码)、车票信息、简要情况等。

4. 客服代表遇旅客投诉站段已报备的情况时,应根据报备情况,做好对旅客安抚解释工作,如旅客反映情况与报备内容存在较大差异时,客服代表应予以受理,并流转至被诉单位进行调查核实。

复习思考题

1. 特殊重点旅客是如何规定的?
2. 两院院士服务对象是如何规定的?
3. 遗失物品的保管期限是如何规定的?
4. 旅客投诉流转时间是如何规定的?

第三章 专项业务

车站客运作业是铁路旅客运输组织过程中的一个重要环节，本章介绍了多项客运组织中的各种业务办理，贯穿了进站组织、候车组织、站台组织和出站组织。

第一节 乘降管理

随着铁路客运车站运营模式的多元化，客运乘降组织不断优化，本节主要对旅客运输过程中的进站、候车、乘车、出站等环节组织流程进行讲解。

一、进站组织工作

（一）实名制验证验票

铁路运输企业按照国家有关规定对旅客所持车票和有效身份证件进行车票实名制查验。对应当持证购买的优惠票、优待票，铁路运输企业还须查验核验旅客相应优惠、优待证件。

实名制验证验票一般在旅客进站时办理，车站在进站口设立实名制验证自助通道和人工验证通道。

1. 乘车旅客须持与车票所载身份信息相符的本人有效身份证件原件，办理实名制验证和进出站检票手续。携带免费乘车儿童还应提供其购票申明时使用的儿童有效身份证件；使用优惠、优待票的应出示相应优惠、优待证件。

2. 无法出示有效身份证件原件的旅客，应到车站铁路公安制证口或该有效身份证件的发证机构办理身份证明后，方可进站乘车。

3. 乘车人购票后在列车中途站上车时，经车站确认票、证、人一致后，允许检票乘车。

4. 持中铁银通卡的旅客，在开通业务的车站乘车时，中铁银通卡可作为实名制验证检票的有效凭证。持铁路e卡通的旅客，在开通业务的车站乘车时，动态乘车二维码可作为实名制验证检票的有效凭证，旅客可自助办理实名制验证和进出站检票手续。

5. 铁路职工办理乘车证签证业务后，可持办理乘车证时预留的本人身份证件原件通过自动闸机或人工通道验证检票乘车。

6. 持不可识读证件进出站的旅客，应通过人工通道，客运工作人员使用验检票设备办理实名制验证和进出站检票手续。

7. 在 12306 网站注册用户且通过铁路 12306 移动端成功完成人脸身份核验的旅客，购票后可凭铁路 12306 移动端生成的动态二维码，通过车站自动检票闸机办理进出站检票手续。"验检合一"车站不支持扫码检票乘车。

(二)安全检查

铁路运输企业应当依照法律、行政法规和有关规定，对旅客及其携带品进行安全检查。旅客携带品应当遵守国家禁止或者限制运输的相关规定。

车站在主要旅客入口设置安检区，安检区的使用面积应根据安检设备设置数量、布置方式及安全作业要求综合确定，且每处安检区最小使用面积应满足设置两组安检设备的要求。

安检区域外围隔断和二次安检专区高度大型车站不低于 1.8 米，中小型车站可结合候车区域面积大小或站厅高度适当调整，原则上为 1.4～1.8 米。待安检区可结合实际辅以设置软隔离，引导旅客将所携带物品放置在安检仪上进行安检，并通过安检门方可进入已安检区域。多个安检通道待安检区应设有可互通硬隔离或软隔断，方便车站灵活调整旅客进站流线。

车站根据高峰时段客流和进站流线设置安检通道，满足客流高峰期安检作业需要。日常旅客安检等候一般不超过 5 分钟，每个安检通道每小时旅客通行量应符合"高铁车站 500 人、高普混合车站 600 人、普速车站 700 人"的标准。

二、候车组织工作

候车室是旅客休息和等候乘车的场所，旅客大量聚集，而且流动性很大，车站必须要为旅客创造一个良好的候车环境。候车室的面积应根据旅客流量来设计，以确保旅客的舒适性和安全性。较大车站可按旅客去向设置候车室或按车次、席别、客流性质设置候车室。此外，《铁路旅客车站建筑设计规范》(GB 50226—2007)规定，候车区(厅、室)总使用面积应根据最高聚集人数按不小于 1.2 米^2/人计算确定。特大型、大型铁路车站候车区(厅、室)的使用面积应在计算结果基础上增加 5%。

候车区布局合理，方便旅客，配备适量座椅，摆放整齐，不影响旅客通行。

目前有部分候车室内在保证候车区座椅总数不减少的前提下，将部分候车椅调整为等数量的多功能候车座椅(即在旅客公共候车区域内，免费就座有偿按摩的公共座椅)，具备按摩、手机充电等基本服务功能。

候车区域设置的多功能候车座椅和商业区域内的按摩座椅均不得干扰影响旅客流线，设置数量不得超过旅客候车座椅总数的 20%。

多功能候车座椅优先保证静止状态下的舒适性，座椅靠背角度、按摩装置位置在未付费状态下自动复位，角度合理，适宜就座。

(一)商业服务

在候车室范围内，根据旅客的流线设置站内商业设施，商业规模根据车站规模大小进行确定，一般为站房建筑面积2%～10%。

主要为旅客服务的小型零售、餐饮、书报等商业设施，面积、业态布局统一规划，不占用旅客候车空间，不影响旅客乘降流线，不遮挡旅客服务信息，保证通道顺畅。

经营单位持有效经营许可，经营行为规范，明码标价，文明售货，提供发票。不出售禁止或限量携带等影响运输安全的商品，不出售无生产单位、无生产日期、无保质期、过期、变质以及口香糖等严重影响环境卫生的食品。

站内广告设置场所、位置、面积、形式统一规划，广告设施安全牢固，形式规范，内容健康，与车站环境相协调。不挤占、遮挡图形标识、业务揭示、安全宣传等客运服务信息，不影响客运服务功能，不影响安全。旅客通道内安装的广告牌使用嵌入式灯箱，突出墙面部分不超过200毫米，棱角部位采取打磨、倒角处理。除围墙、栅栏外，无直接涂写、张贴式广告。广播系统不发布音频广告。播放视频时不得外放声音。

(二)问询服务

候车室(区)旅客可视范围内有客运人员，及时巡视、解答旅客咨询、妥善处置异常情况。特大、大型车站设有值班站长。

为充分体现12306线上、线下一体化服务宗旨，车站设置12306旅客服务中心，是12306线上服务中心的实体延伸。日均客发5 000人以上的车站，按站房类型设置不同标准的旅客服务中心；日均客发5 000人以下的，车站根据需要设置旅客服务中心；未设置旅客服务中心的，其服务功能归口客运值班室或雷锋服务站，为旅客提供列车信息、客运业务、综合信息、自主查询等各类咨询服务。

旅客问询时，目视旅客，有问必答，回答准确，解释耐心。对话时使用普通话，表达准确，口齿清晰。服务语言表达规范、准确，使用“请、您好、谢谢、对不起、再见”等服务用语。

三、导向信息组织

(一)综合信息发布

通过动态显示屏、静态标识等信息发布设备向旅客提供列车运行、检票状态等综合信息。其形式有音频、视频、文字、图像等。

1. 车站音频、视频主要播放以下内容：

(1)车站售票、检票、候车、安全检查、列车进出站、停站、到站等客运作业信息。

(2)站车设施设备使用方法以及为旅客提供服务的信息。

(3)旅客安全须知、旅行须知。

(4)社会公德、治安法治、文明礼仪、卫生健康、旅行生活等知识。

(5)车站所在地或列车沿线的地方或城市概况、风光、民俗风情介绍等。

(6)时政新闻、专题宣传、文艺娱乐、电影、电视剧、音乐等节目。

(7)旅游、招商、商品、公益等广告。

2. 禁止制作、播放载有下列内容的节目:

(1)危害国家的统一、主权和领土完整的。

(2)危害国家的安全、荣誉和利益的。

(3)煽动民族分裂,破坏民族团结的。

(4)泄露国家秘密的。

(5)诽谤、侮辱他人的。

(6)宣扬淫秽、迷信或者渲染暴力的。

(7)法律、行政法规及国务院铁路主管部门规定禁止的其他内容。

3. 车站视频播放的文字内容应当使用规范的文字。

4. 车站除进站大屏、售票窗口小屏(指在售票窗口设置的面向旅客提供信息确认服务的电子信息显示屏,也称双屏)、自动售票机、旅客服务信息自助查询系统(信息触摸屏)、综合信息显示屏(资讯屏)及广告经营单位建设的电子信息显示屏外,车站其他客运服务信息显示屏不得播放广告。

5. 利用车站进站大屏、售票窗口小屏发布广告时,应当在显示屏划分客运服务信息发布区(包括公告信息、列车到发时刻、站台信息等)和广告发布区,其中客运服务信息发布区面积不少于整块(组)显示屏的50%。

(二)广播语音导向

车站广播应以宣传旅行常识、安全须知、列车运行信息、站车作业信息、站车设备情况和时事新闻等为主,广播内容应符合国家法律、政策要求,做到内容健康,题材广泛,形式多样,时长适当,频次合理,音量适中,覆盖全面。车站广播系统不得播放商业广告。

1. 车站应当在安检处做好禁止携带危险品、进站引导等宣传,在候车室(区)做好候车、检票、设备使用、安全提示、禁止吸烟等宣传,在站台做好列车进出站、乘降安全、进出站引导等宣传,在出站通道做好到达车次预告、出站验票等宣传。除必要的客运作业和旅客服务信息外,应当重点播放以下内容:

(1)禁止携带危险品进站、上车等宣传。

(2)禁止吸烟宣传。

(3)安全服务宣传。

(4)卫生健康宣传。

2. 遇自然灾害、列车运行突发情况等,应当及时插播应急广播内容。

3. 预报列车进出站、检票作业、停站等信息时,车站应不晚于作业开始前 10 分钟。

4. 广播时应使用普通话,较大车站、高铁车站可增加英语播报客运作业信息。车站广播系统不得播放商业广告。

四、检票组织工作

检票口的数量应根据通过该处检票进站的旅客人数、通过能力、候检能力来确定。客运站集中设置检票口便于管理和互相调剂使用,但是当站房规模较大时,应分别进行设置。

检票口设自动检票通道和人工检票通道,配备自动检票机。根据换乘流线需要,检票口可设置双向进出检票功能。自动检票机通道和人工检票通道正常启用,通道数量适应客流情况,并设有商务座旅客快速检票通道。部分采取检票和实名制查验合设的车站,还应对人员身份信息进行核验。

开始、停止检票时间的设置适应客流量和站场条件,进站口有提前停止检票时间的提示。开始检票或列车到站前,通告车次、停靠站台等检票信息。

设两侧检票口的,对长编组、重联动车组列车同时开启。按照先重点、后团体、再一般的原则,引导旅客通过自动检票机、人工检票通道分别排队等候、检票进站,宣传自动检票机的使用方法,提醒旅客拿好身份证,防止尾随。

持电子客票进站检票时,自动检票机通过接收的检票计划对旅客的乘车凭证进行检验。在 12306 网站注册用户且通过铁路 12306 移动端成功完成人脸身份核验的旅客,购票后可凭铁路 12306 移动端生成的动态二维码,通过车站自动检票闸机办理进出站检票手续。“验检合一”车站不支持扫码检票乘车。其他不可识读证件需要通过人工检票口,由工作人员通过柱式检票闸机、手持终端扫描二维码或手工输入证件号码,并核对证件后完成检票。对无票、日期车次不符、减价不符、票证人不一致等人员按规定拒绝进站、乘车。

停止检票前,通告候车室,无漏乘;停止检票时,关闭检票口,通告候车室和站台。

五、站台组织工作

站台组织工作包括接送列车、宣传引导、上下车组织、巡视清理站台等工作。

站台客运人员提前到岗,检查引导屏状态和显示内容、站台及股道情况。按站台车厢标识在站台安全线或屏蔽门内组织旅客排队等候,有序乘降。

开车时间前 30 秒打响开车铃,铃声时长 10 秒。车站确认列车旅客乘降、上水、吸污和高铁快运、餐车物品装卸作业完毕后，使用无线对讲设备通知列车长与客运有关的作业完毕。

同一站台有两趟列车同时进行乘降作业时，有宣传，有引导，无误乘。

迎送列车时，足靠安全线，不侵入安全线外，面向列车方向目迎目送，以列车进入站台开始，开出站台为止。

引导下车旅客安全通过出站通道出站，列车出站后及时清理，站台、通道无滞留人员。

(一)站台车厢标识

站台车厢标识是指站台上用于告知旅客所持车票票面显示车厢位置的定位标识。根据列车编组、动车组列车重联情况以及运行方向。

1. 正编组列车正向运行时，短编组、大编组及重联动车组列车车厢位置标识，版面采用黄底黑字标识(即橘黄底黑字)，如图 3-1 所示。

2. 反编组列车正向运行时，大编组或者重联动车组列车车厢位置标识，版面采用绿底黑字标识；短编组动车组列车车厢位置标识，版面采用紫底白字，如图 3-2 所示。

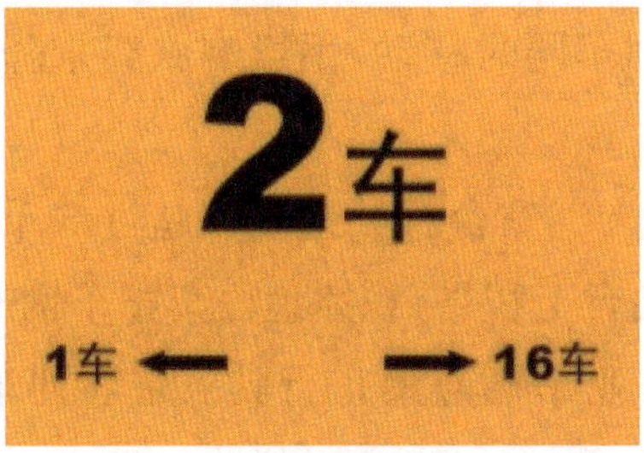

图 3-1 正编组列车正向标识

图 3-2 反编组列车正向标识

3. 正编组列车反向运行时，短编组动车组列车停靠时，车厢位置标版面采用褐底白字标识；大编组及重联动车组列车停靠时，车厢位置标版面采用黄底黑字标识；17 辆编组“复兴号”动车组列车停靠时，车厢位置标版面采用蓝底白字标识，如图 3-3 所示。

4. 反编组列车反向运行时，短编组、大编组及重联动车组列车停靠时，车厢位置标版面仍采用绿底黑字标识，如图 3-4 所示。

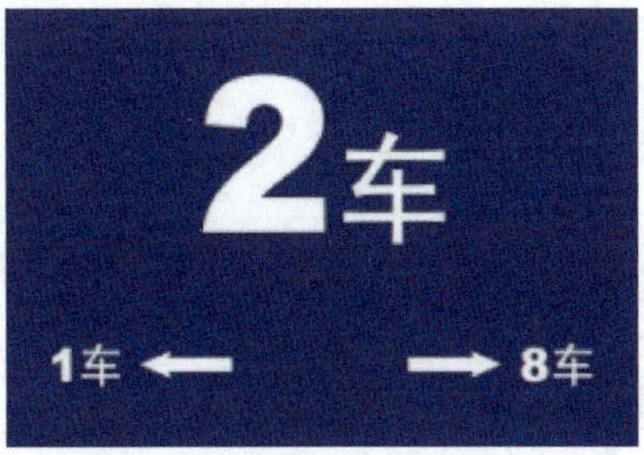

图 3-3 正编组列车反向标识

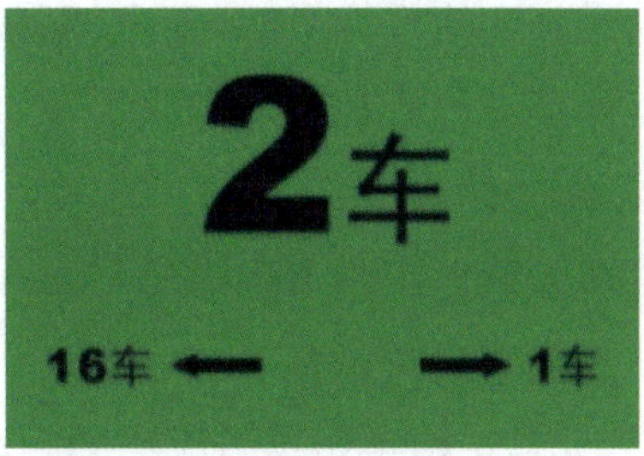

图 3-4 反编组列车反向标识

(二)站车交接

站车交接是指车站与列车发生相互交接旅客或物品时执行的作业环节。列车在车站停靠时,站台客运值班员(客运员)应在规定的位置与列车长办理业务交接。

办理站车交接,普速旅客列车的一般在列车的中部站台位置。短编组动车组列车在4、5号车厢之间;长编组动车组列车在8、9号车厢之间;重联动车组列车在列车运行方向前组第7、8位车厢之间。

办理交接时行举手礼,右手五指并拢平展,向内上方举手至帽檐右侧边檐,小臂呈45度角。

(三)车辆管理

作业车辆必须服从车站的统一管理,遵守车站相关安全管理规定,未经车站同意,任何车辆均不得进入车站站台区域。

进入站台的作业车辆及移动小机具、小推车等应在站台指定位置与列车平行停放,采取常态制动措施;人力机具应安装防撞胶条,站台作业时每辆机具必须按照一人一机具配置操作人员;行驶或移动时,不与本站台的列车同时移动,不影响旅客乘降,不堵塞通道,不侵入安全线。

站台上行驶速度不超过10千米/时,遇雨雪天气站台行驶速度不超过5千米/时行驶,地道或平过道行驶速度不超过5千米/时。站台上积雪、积冰地段禁止车辆通行。

站台上有旅客集中乘降作业时,乘降区域作业车辆应禁止行驶。旅客列车停站作业时,开车铃响后,站台作业车辆应立即停止作业。

行邮牵引车作业时,牵引拖车重车不超过4辆,空车不超过5辆;混编时,不超过4辆,重车在前空车在后;严禁行驶中摘挂拖车。车上货物堆码高度距离地面不超过2米,宽度每侧不超出0.2米,重量不超过2吨,长度不得超出拖车底面拖车载货要使用护栏或绳网加固,防止运行途中货物甩落。

垃圾清运车的垃圾堆放高度不得超过车厢围栏高度0.3米,宽度不得超出车厢宽度。

(四)给水卸污

为满足旅客的旅行生活,安全、高效地做好给水卸污工作,车站按照给水卸污方案对动车组列车进行给水卸污作业。

1. 给水原则

旅客列车给水作业站按照列车运行5～6小时或距离200～300千米的原则确定,给水作业站由国铁集团公布。

(1)当日第一趟车始发时应辆辆满水。

(2)单程运行时间10～14小时的,途中安排重点车厢补水1次。16辆编组的,优先安排紧邻餐车的前部2辆、后部2辆车厢补水；8辆编组及重联的，每组优先安排紧邻餐车的前部1辆、后部1辆车厢补水。部分车型紧邻餐车车厢没有厕所的，向邻近车厢顺延。

(3)单程运行时间在14小时以上的，途中(运行7小时前后)安排1次全列满水。

(4)车底连续套跑10小时以上的，中间(运行6小时前后)安排1次折返站全列满水。

(5)在给水作业站停时8分钟及以上时，辆辆满水。停时6～8分钟，辆辆补水。停时4～5分钟，重点车厢补水。停时3分钟及以下的，不安排给水作业。

(6)动车组列车客流较大时，可适当增加给水的频次。

(7)CRH6型动车组列车应按照实际需求安排给水作业。

2. 方案编制

运行图编制前一个月，按照客车给水、卸污原则，结合旅客列车停站方案，担当铁路局集团公司要制定各次旅客列车给水作业站及停时方案和卸污站方案，报运行图编制部门。运行图编制后，旅客列车担当铁路局集团公司编制客车给水实施方案(包括给水车次、给水作业站、给水车厢号、交接车厢号等)，由国铁集团审核后，单独公布。跨局的两局担当的列车应协商一致，两局不能协调解决的，由国铁集团决定。给水方案应按照节约、高效、保质原则，既要满足旅客列车用水需要，又要合理安排给水频次。跨局旅客列车按照客车给水实施方案进行清算。卸污站比照给水作业站规定制定方案。

3. 给水设备

给水作业站给水设备的供水能力，应满足同一时间最高聚集客车列数的给水需要。水井数量应满足图定旅客列车最大编组需要，水井间距以25米为宜。给水量较大的车站还应配置一井双栓，一栓一管(仅停靠动车组列车线路实行一井一栓)，如图3-5所示。给水作业站水井使用一个栓头时，栓口设计流量不应小于2.5升/秒；双头栓同时上水时，每个栓头设计流量不应小于2.0升/秒。

图3-5 给水设备

4. 给水作业

旅客列车在到达给水作业站前个别车厢发生无水时，列车长应提前通知给水作业站，说明车厢号，给水作业站应做好重点补水工作。动车组列车不进行上水量核对，如遇途中长时间（1 小时以上）且大面积（短编组 3 辆及以上、长编组或重联 5 辆及以上）断水的，列车前一给水作业站未上水，给水辆数均记做 0，其他情况均视给水作业站按给水实施方案进行的给水。

5. 卸污作业

途中遇有动车组列车 30%以上的卫生间集便箱满载停用，预计无法维持使用至下一图定卸污站点时，由列车长视情况，按照公布的高铁卸污站名单选择应急卸污站，原则上选择本次列车停靠车站，提前 1 小时向卸污站所属局客运（客服）调度员提出应急卸污请求，具体内容包括车次、车站、卸污车厢号。

6. 安全卡控

（1）动车组列车始发、折返、途中办理给水（卸污）作业

①车站给水（卸污）作业人员进行给水（卸污）作业前，应做好各项准备工作，严格按照规定路线进入作业区域，给水（卸污）作业人员应通过对讲机向站台客运值班员（客运员）报告，固定用语为“×号站台客运值班员（客运员），××次准备进行给水（卸污）作业，作业×人”。

站台客运值班员（客运员）应答：“××次×道准备进行给水（卸污）作业，客运值班员（客运员）明白”。

②车站给水（卸污）完毕后，给水（卸污）人员应通过对讲机向站台客运值班员（客运员）报告，固定用语为“×号站台客运值班员（客运员），××次给水（卸污）作业完毕”。

站台客运值班员（客运员）应答：“××次给水（卸污）作业完毕，×号站台明白”。

③站台客运值班员（客运员）收到给水（卸污）作业完毕的报告后，应通过对讲机通知列车长，固定用语为“××次列车长，××站给水（卸污）作业完毕”。

列车长应答：“××次××站给水（卸污）作业完毕，列车长明白”。

④列车长接到客运值班员（客运员）给水（卸污）作业完毕的通知，并确认旅客上下完毕后通知司机（按钮不在司机操作台上的，为随车机械师）关闭车门。

（2）动车组列车在终到站给水（卸污）作业

①作业流程。终到后在站进行给水（卸污）作业的动车组列车，在旅客乘降等作业完毕后，具备退乘条件时，列车长与车站站台客运值班员（客运员）联控后组织退乘，车站客运值班员（客运员）确认列车客运乘务组退乘完毕，确认列车给水（卸污）等作业完毕后通知司机（按钮不在司机操作台上的，为随车机械师）关闭车门。

②联系用语。列车长在退乘前，通过无线对讲设备车站频道通知站台客运人员“××站，××次列车终到客运乘务作业完毕，准备退乘”，站台客运人员应答“××次车

长，××站收到”。站台客运人员接到本列给水(卸污)等作业完毕汇报后，通过无线对讲设备动车组列车司机频道通知动车组列车司机“××次(准备开车车次)司机，车站作业完毕，请关门”，动车组列车司机应答“××次司机明白”。

六、出站组织工作

旅客出站组织包括出站检验车票，安全有序引导旅客出站，对不符合乘车条件和携带品超重、超限的旅客办理补票补款。严禁从出站口反向进入车站。

出站检票人员提前到岗，检查自动检票机、出站显示屏状态和内容。

引导旅客通过自动检票机和人工检票通道检票出站，具备居民身份证自动识读检票条件的自动检票机正常启用。人工检票口核对车票及其他乘车凭证，秩序良好，防止尾随。

当旅客列车集中到达，出站旅客人数短时间内激增情况下的旅客快速出站，为坚决杜绝旅客拥堵踩踏情况发生，出站口区域结合现场实际情况，设置到达旅客最高聚集安全警示线(标识)。

对违章乘车旅客及违章携带品正确处理，票款收付准确。

七、换乘组织工作

为进一步做好旅客接续换乘工作，提升客运服务质量，换乘组织工作是为有接续行程的旅客提供方便快捷的接续换乘服务。

(一)换乘形式

接续换乘分为同站换乘和同城换乘两种形式。

1. 同站换乘是指旅客已购买同一车站后续旅客列车车票，需在同站进行换乘的。

2. 同城换乘是指旅客已购买同城其他车站后续旅客列车车票，需至其他车站进行换乘的。

(二)换乘组织

便捷换乘站应利用站台进站通道(垂直电梯、步行楼梯)组织换乘旅客反向进入候车室，并在检票口设置一台反向出站闸机，供便捷换乘旅客使用。

1. 站台组织。便捷换乘站的站台客运值班员(客运员)与列车长完成正常业务交接后，应组织引导便捷换乘旅客通过便捷换乘通道进入候车室。列车开车后，站台客运值班员(客运员)应及时清理站台，同时做好便捷换乘通道的巡视，做到“一车一清”。

2. 检票组织。检票口客运员查验旅客联程车票后，安装反向检票闸机的，应引导旅客使用反向闸机自助验票；无反向检票闸机的，通过半自助检票终端查验旅客车票。便捷换乘旅客全部通过后，检票口客运作业人员应及时锁闭检票通道。

3. 车站遇重大安保时期，可根据实际暂停便捷换乘服务，但必须事前报铁路局集团公司客运部，经批准后方可实施。实施前，车站应在便捷换乘通道等部位做好对外旅客公告工作。

(三)标识与广播

1. 各站应根据本站换乘形式、旅客流线等情况，完善车站站台、通道的换乘静态标识，具备条件的可通过动态显示屏进行引导，不断优化换乘的流线。

2. 便捷换乘站应在站台地面、立面等处设置醒目、连贯的便捷换乘引导标识，引导标识字体应为黑体，字体内容为“便捷换乘”，英文翻译为“Transfer”。引导标识可根据需要增加“前行××米”等辅助说明信息。

3. 便捷换乘站要根据便捷换乘工作的实际要求，增加引导性广播。

第二节　票 务 管 理

铁路旅客运输合同是明确铁路运输企业与旅客之间权利义务关系的协议。车票是铁路旅客运输合同的凭证，可以采用电子数据形式或者纸质形式，并实施车票实名制管理。

铁路旅客运输合同从售出车票时起成立，至按车票规定运输结束旅客出站时止，为合同履行完毕。旅客运输的运送期间自检票起至到站出站时止计算。旅客自行中途下车，出站时铁路旅客运输合同履行终止。

一、车票基础知识

车票票面(特殊票种除外)主要应包含发站和到站站名；车厢号、席位号、席别；票价；车次；乘车日期和开车时间；有效期；旅客身份证件信息。

1. 按形式分为纸质车票、电子客票、储值卡、定期票、计次票。

(1)纸质车票。浅蓝色底纹的计算机磁介质车票(图 3-6)，仅作为旅客报销凭证。

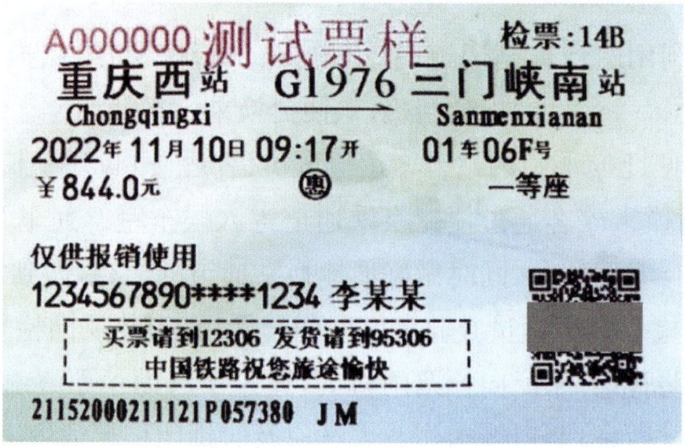

图 3-6　磁介质车票

(2)电子客票。铁路电子客票是以电子数据形式体现的铁路旅客运输合同的凭证。购买铁路电子客票旅客应当妥善保管铁路电子客票信息及购票时所使用的有效身份证件,须持购票时所使用的有效身份证件进出站、乘车。

(3)储值卡。“铁路 e 卡通”是由中铁银通支付有限公司发行的新一代中铁银通卡的实名制电子卡片产品,不配发实体卡片。旅客通过使用铁路 12306 移动端内的“铁路 e 卡通”应用,就可以直接自助扫码乘车。

(4)定期票。定期票是指有效期内可在限定乘车次数上限内乘坐制定发到站间规定列车的车票。

(5)计次票。计次票是指有效期内可乘坐限定次数的指定发到站间规定的列车车票。

①席位预约方式乘车。旅客可以在 12306 网站、铁路 12306 移动端、自动售票机提前预约产品所对应发到站及席别的席位。预约席位后,乘车人持购买产品时所使用的有效身份证件原件进站检票乘车。

②直接刷证/扫码方式乘车。需列车有产品对应区间和席别剩余席位,闸机实时为旅客申请席位成功后方可进站,获取的席位信息通过短信推送至乘车人预留手机号。余票不足无法实时获取席位时,旅客需要换乘其他车次。

2. 按性质分为全价票、儿童优惠票、学生优惠票和优待票等。

(1)儿童优惠票。

除需要乘坐旅客列车通勤上学的学生和铁路运输企业同意在旅途中监护的儿童外,未满 14 周岁的儿童应当随同成年人旅客旅行。

随同成年人乘车的儿童,年满 6 周岁且未满 14 周岁的应当购买儿童优惠票;年满 14 周岁,应当购买全价票。每一名持票成年人旅客可免费携带一名未满 6 周岁且不单独占用席位的儿童乘车,超过一名时,超过人数应当购买儿童优惠票。儿童年龄按乘车日期计算。

旅客携带免费乘车儿童时,应当在购票时向铁路运输企业提前申明,购票申明时使用的免费乘车儿童有效身份证件为其乘车凭证。

免费乘车的儿童单独使用席位时应购买儿童优惠票。

儿童优惠票的乘车日期、车次及席别应与同行成人所持车票相同,其到站不得远于成人车票的到站。

(2)学生优惠票。

在全日制高等学校(含国务院教育行政部门、省级人民政府审批设置的实施高等学历教育的民办学校),承担研究生教育任务的科学研究机构,军事院校,普通中、小学和中等职业学校(含有实施学历教育资格的公办及民办中等专业学校、职业高中、技工学校),

国务院或国家宗教事务局批准的正式宗教院校就读的学生、研究生，家庭居住地和学校所在地不在同一城市时，凭附有标注减价优惠区间和火车票学生优惠卡的学生证（中、小学生凭加盖学校公章的书面证明），优惠区间应加盖院校公章，每学年（10 月 1 日至次年 9 月 30 日）可购买家庭居住地至院校（实习地点）所在地之间四次单程的学生优惠票。新生凭录取通知书、毕业生凭盖有院校公章的学校书面证明当年可购买一次学生优惠票。学生优惠票限于使用普通旅客列车硬座、硬卧和动车组列车二等座。

学生每学年乘车前应通过 12306 网站或到车站指定售票窗口、自动售票机办理一次学生优惠资质核验手续。通过车站指定售票窗口或自动售票机办理学生优惠资质核验手续时，应出具本人有效身份证件和学生证（附有火车票学生优惠卡），没有火车票学生优惠卡，火车票学生优惠卡所载信息不全、不能识别或者与学生证记载不一致的，无法通过学生优惠资质核验。

未办理或未通过优惠资质核验购买学生优惠票乘车时，列车应先办理补收票价差额手续，开具客运记录。旅客到站后可凭车补车票、学生证和购票时所使用的有效身份证件（列车如开具纸质客运记录，还应携带纸质客运记录），30 日以内到车站售票窗口办理资质核验和退票手续。车站核实学生所购学生优惠票符合有关规定后，为其办理资质核验，扣减学生火车票优惠卡次数，退还车补车票票款，不收退票费。

华侨学生和港澳台学生可购买学校所在地车站至口岸城市车站间的学生优惠票。铁路运输企业另有规定的除外。

学生优惠票根据减价优惠区间按相对近径路或合理径路发售。在减价优惠区间内购买联程车票时，扣减一次优惠乘车次数。超过减价优惠区间的，不发售学生优惠票。优惠乘车次数按学年使用有效，当学年不能使用下一学年的次数，当学年未使用的不能留作下学年使用。

（3）优待票。

中国人民解放军和中国人民武装警察部队因伤致残的军人凭“中华人民共和国残疾军人证”；因公致残的人民警察凭“中华人民共和国伤残人民警察证”；消防救援人员凭“国家综合性消防救援队伍残疾人员证”可以购买优待票。

二、实名制管理

车票实名购买和实名查验统称为车票实名制管理。车票实名购买，是指购票人凭乘车人的有效身份证件购买车票，铁路运输企业凭乘车人的有效身份证件销售车票，并记录旅客身份信息和购票信息的行为；车票实名查验，是指铁路运输企业对实行车票实名购买的车票记载的身份信息与乘车人及其有效身份证件进行一致性核对，并记录旅客乘车信息的行为。

(一)购票方式

购票方式及相关有效证件见表 3-1。

表 3-1 购票方式及相关有效证件

购票方式	有效证件
窗口、铁路车票销售代理人的售票处	中华人民共和国居民身份证(含中华人民共和国临时居民身份证),居民户口簿,中华人民共和国护照,中华人民共和国出入境通行证,中华人民共和国旅行证,新生儿出生医学证明,军官证、警官证、文职干部证、义务兵证、士官证、军士证、警士证、文职人员证,海员证,以及公安机关出具的临时乘车身份证明,中华人民共和国港澳居民居住证,中华人民共和国台湾居民居住证,港澳居民来往内地通行证,往来港澳通行证,大陆居民往来台湾通行证,台湾居民来往大陆通行证,外国人永久居留身份证,外国人护照,外国人出入境证,公安机关出具的外国人签证证件受理回执、护照报失证明,各国驻华使领馆签发的临时性国际旅行证件(应当附具公安机关签发的有效签证或者停留证件)
中国铁路 12306 网站(含铁路 12306 移动端)、电话订票	中华人民共和国居民身份证(含中华人民共和国临时居民身份证),中华人民共和国护照,中华人民共和国港澳居民居住证,中华人民共和国台湾居民居住证,港澳居民来往内地通行证,台湾居民来往大陆通行证,外国人永久居留身份证,外国人护照
自动售票机	中华人民共和国居民身份证,中华人民共和国护照,中华人民共和国港澳居民居住证,中华人民共和国台湾居民居住证,港澳居民来往内地通行证,台湾居民来往大陆通行证,外国人永久居留身份证

(二)售票规则

车票应通过铁路运输企业提供的车站售票窗口、自动售票机、中国铁路 12306 网站(含铁路 12306 移动端,以下简称 12306 网站)、订票电话或铁路车票销售代理人的售票处购买。旅客应按约定支付运输费用,购票后应核对票、款,妥善保管车票信息及购票时所使用的有效身份证件。

1. 一张有效身份证件同一乘车日期同一车次只能购买一张实名制车票(旅客持同一身份证件可购买同一车次分段接续车票)。

2. 联程车票指旅客分段购买的,出发地至目的地间可联程接续的多段车票;前段车票到站与后段车票发站应为同一或同城铁路客运营业站(以下简称车站),且前段车票到站时间与后段车票开车时间间隔不超过 24 小时。

3. 报销凭证指铁路运输企业在提供售票、改签、退票等服务后开具的收付款凭证。报销凭证仅可开具一次,不能重复领取。

4. 使用残疾人旅客专用票额,须持中华人民共和国残疾人证,且载明视力、肢体或智力三类残疾,残疾等级为一级或二级的;或持中华人民共和国残疾军人证、伤残人民警察证,且载明残疾等级为一至六级。

5. 旅客应向铁路运输企业提供真实有效的联系方式。发售实名制车票时,铁路运输企业可以记录、保存并在铁路服务过程中使用旅客信息、联系方式,按国家规定承担相应的保密义务。

6. 铁路运输企业发售车票时，根据旅客需要提供载有车票主要信息的“行程信息提示”。通过12306网站购票的，“行程信息提示”可通过网站自行打印或下载。购票后如需报销凭证的，应在开车前或乘车日期之日起180日以内，凭购票时所使用的有效身份证件到车站售票窗口、自动售票机开具。

“行程信息提示”和报销凭证不能作为乘车凭证。

三、旅行变更与终止

（一）改　签

1. 改签指旅客变更乘车日期、时间、车次、席位、席别和到站时需办理的签证手续。

2. 旅客可办理一次改签，在铁路运输企业有运输能力的前提下，按下列规定办理：

（1）开车前48小时以上，可免费改签预售期内的列车。

（2）开车前不足48小时，可免费改签车票载明的乘车日期以前的列车。

（3）开车前不足48小时，可改签车票载明的乘车日期之后预售期内列车，核收改签费。

（4）开车后，在当日24时之前，可免费改签当日其他列车。

（5）开车后，在当日24时之前，可改签车票载明的乘车日期之后预售期内列车，核收改签费。

（6）办理变更到站的改签时，应在开车前48小时以上，原车票已托运行李的，还应办理行李变更或取消业务。

3. 旅客可在车站售票窗口、12306网站和具备改签功能的自动售票机办理改签。

4. 凭各种有效身份证件购买的车票均可在车站售票窗口办理改签，但已开具报销凭证的和使用现金支付方式购买的车票，仅可在车站售票窗口办理改签；凭12306网站购票证件且使用电子支付方式购买的车票，可通过12306网站办理改签；在具备改签功能的自动售票机办理改签时，应按系统提示办理。

5. 改签后如需改签费报销凭证的，可在办理之日起180日以内，凭改签时所使用的有效身份证件到车站售票窗口、自动售票机开具。

6. 在车站售票窗口办理改签时，乘车人须出具购票时使用有效身份证件；他人代办时应出具代办人有效身份证件及乘车人购票时使用的有效身份证件。

7. 旅客办理已开具报销凭证的车票改签时，须交回报销凭证。报销凭证无法交回或不可识别、不完整时，铁路运输企业不予办理改签。

8. 旅客办理改签时，改签后的车票票价高于原票价时，核收票价差额；改签后的车票票价低于原票价时，退还票价差额，核收票价差额的退票费。

9. 旅客在列车上办理席位变更时，变更后的票价高于原票价时，核收票价差额；变更后的票价低于原票价时，票价差额部分不予退还。

小贴士

改签费按如下梯次标准核收：

(1)距票面乘车站开车前48小时以上改签时，或开车前不足48小时改签票面乘车日期及以前的列车时，以及开车后在当日24时之前改签当日其他列车时，均不收改签费。

(2)开车前24小时以上、不足48小时，改签票面乘车日期之后的列车时，按改签前后低票价车票票面价格的5%计。

(3)开车前不足24小时，改签票面乘车日期之后的列车时，按改签前后低票价车票票面价格的15%计。

(4)开车后在当日24时之前，改签次日及以后列车时，按改签前后低票价车票票面价格的40%计。

(二)退　票

1. 旅客要求退票时，须在车票载明的日期、车次开车时间前办理。已办理行李托运的车票退票时，应先办理取消行李托运业务。

2. 退票核收退票费，应退票款按购票时的支付方式退还。

3. 旅客可在车站售票窗口、12306网站和具备退票功能的自动售票机办理退票。

4. 凭各种有效身份证件购买的车票均可在车站售票窗口办理退票；12306网站购票证件购买的车票可在12306网站办理退票；在具备退票功能的自动售票机办理退票时，应按系统提示办理。

5. 退票后如需退票费报销凭证的，可在办理之日起180日以内到车站售票窗口、自动售票机凭购票时使用的有效身份证件开具。

6. 旅客使用12306网站购票证件，通过现金方式购买或已开具报销凭证的车票，可通过12306网站先行办理退票，自网上办理退票成功之日起180日以内，凭乘车人有效身份证件到车站指定窗口办理退款手续。

7. 在车站售票窗口办理退票时，乘车人本人办理的，需出具购票时所使用的有效身份证件；代乘车人办理的，需出具代办人的有效身份证件和乘车人购票时所使用的有效身份证件。

8. 旅客办理已开具报销凭证的车票退票或退款手续时，须交回报销凭证。报销凭证无法交回或不可识别、不完整时，铁路运输企业不办理退票或退款。

9. 旅客旅行途中因伤、病不能继续旅行时，经站车核实，可在下车后30日以内到下车站办理退票，退还已收票价与已乘区间票价差额，核收退票费；同行人同样办理。

小贴士

退票费按如下梯次标准核收：

(1)距票面乘车站开车前8天(含)以上的不收退票费。

(2)开车前48小时以上、不足8天的，按票面价格5%计。

(3)开车前24小时以上、不足48小时的，按票面价格10%计。

(4)开车前不足24小时的，按票面价格20%计。

(5)距票面乘车站开车前48小时以上、不足8天的车票，改签或变更到站至开车前8天以上的列车，又在距开车前8天以上退票的，核收5%的退票费。

(6)改签后的车票乘车日期在春运期间的，退票一律按开车时间前不足24小时标准核收退票费。

10. 因铁路运输企业责任或自然害等其他不能正常运输情形导致旅客退票时按下列规定办理，不收退票费：

(1)在车票发站，退还全部票款。

(2)在中途站，退还未乘区间票款。

(3)在到站，退还车票未使用部分票款。

(4)列车因空调设备故障在运行过程中不能修复时，应退还未使用区间的空调费用。

11. 因列车晚点导致未乘车旅客退票时，应在车票发站列车实际开车前办理，退还全部票款，不收退票费。晚点列车晚点信息公布前已购联程车票，可一并办理退票，不收退票费。

12. 因列车停运导致旅客退票时，旅客可自列车停运信息公布时起至车票乘车日期后30日以内办理退票手续，不收退票费。停运列车停运信息公布前购买的联程车票，可在联程车票开车前一并办理退票，不收退票费。

四、旅客票价

客运运价包括旅客票价和行李、包裹运价。客运运价与客运杂费构成全部运输费用。

国家铁路的旅客票价，以5角为计算单位，不足5角的尾数按2.5角以下舍去、2.5角及以上进为5角处理。对浮动票价应分别按票种处理尾数。

旅客票价是以每人每千米的票价率为基础，按照旅客旅行的距离和不同的列车设备条件，采取递远递减的办法确定。具体票价以国务院铁路主管部门公布的票价表为准。

旅客票价的运价里程，以国务院铁路主管部门公布的《铁路客运运价里程表》为计算依据。发到站间跨及两条及其以上线路时，应按规定的接算站接算；通过轮渡时，应将规定的轮渡里程加入运价里程内计算。

旅客票价里程，按旅客乘车的实际径路计算。计算旅客票价的起码里程为客票

20 千米；空调票 20 千米；加快票 100 千米；卧铺票 400 千米（特殊区段另有规定者除外）。

车票票价为旅客购票时的适用执行票价。铁路运输企业调整票价时，已售出的车票不再补收或退还票价差额。

（一）普速旅客列车票价

包房式硬卧票价分别按硬卧中、下铺另加 30%计算。

儿童优惠票可享受客票、加快票和空调票的优惠，儿童优惠票票价按相应客票和附加票票价的 50%计算。免费乘车及持儿童优惠票乘车的儿童单独使用卧铺时，应另收全价卧铺票价，有空调时还应另收半价空调票票价。

学生优惠票可享受硬座客票、加快票和空调票的优惠，学生优惠票票价按相应客票和附加票票价的 50%计算。持学生优惠票乘车的学生使用硬卧时，应另收全价硬卧票价，有空调时还应另收半价空调票票价。

优待票可享受客票和附加票的优惠，优待票票价按相应客票和附加票票价的 50%计算。

享受优惠的儿童、学生、伤残军人乘坐市郊、棚车时，仍按硬座半价计算，不再减价。

（二）动车组列车票价

1. 定价依据

按《国家计委关于高等级软座快速列车票价问题的复函》（计价管〔1997〕1068 号）的规定，旅行速度达到每小时 110 千米以上的动车组列车软座票价基准价为每人公里一等座车为 0.336 6 元，二等座车为 0.280 5 元，可上下浮动 10%。

2. 公布票价计算

（1）动车组列车公布票价

一等座车公布票价＝0.336 6×（1＋10%）×运价里程

二等座车公布票价＝0.280 5×（1＋10%）×运价里程

（2）动车组列车软卧公布票价

软卧上铺公布票价＝0.336 6×（1＋10%）×1.6×运价里程

软卧下铺公布票价＝0.336 6×（1＋10%）×1.8×运价里程

动车组列车软卧票价可按公布票价打折，但打折后不得低于相同运价里程的新空软卧票价。

（3）动车组列车软卧儿童优惠票

享受减价优待的儿童、学生、伤残军人乘坐动车组列车时，其票价均以公布票价为基础计算。

动车组列车软卧儿童优惠票＝动车组列车软卧公布票价－动车组列车一等座公布票价/2

动车组列车软卧儿童优惠票在运价里程不足400千米时，公式中扣减的动车组列车一等座公布票价均按400千米处公布票价计算。

(4)动车组列车高级软卧公布票价

$$高级软卧上铺公布票价=0.336\ 6\times(1+10\%)\times3.2\times运价里程$$

$$高级软卧下铺公布票价=0.336\ 6\times(1+10\%)\times3.6\times运价里程$$

动车组列车软卧票价可按公布票价打折，但打折后不得低于相同运价里程的动车组列车软卧票价。

(5)动车组列车特等座、商务座、一等包座、观光座公布票价

$$特等座公布票价=0.280\ 5\times(1+10\%)\times1.8\times运价里程$$

$$商务座公布票价=0.280\ 5\times(1+10\%)\times3\times运价里程$$

一等包座、观光座按特等座公布票价执行。

动车组列车特等座、商务座、一等包座、观光座票价可按公布票价打折，但特等座、一等包座、观光座折后票价不应低于一等座公布票价，商务座折后票价不应低于特等座公布票价。

(三)票价浮动计算

票价浮动时动车组列车以公布票价、其他列车以《铁路旅客票价表》公布的票价为基础，计算公式为

$$浮动票价=公布票价\times(1+\alpha)$$

式中　α——上下浮动幅度，当下浮时，α为负数。

动车组列车票价可按公布票价打折，但应符合下列条件：

1. 根据不同区域、不同季节、不同时段的市场需求，实行不同形式的打折票价。

2. 二等座车公布票价打折后不得低于相同运价里程的新空软座票价。在短途，公布票价低于新空软座票价时，按公布票价执行。70千米及以下运价里程的动车组列车不进行任何形式打折优惠，一律按公布票价执行。

3. 同一车次，各经停站的票价在里程上不能倒挂。

4. 一等座车与二等座车的比价在1∶1.2～1∶1.25之间。

【例3-1】 20××年11月28日，K××次列车(昆明—上海南，经由春申，新空)到达上海南站，在出站检票时发现1名旅客持本次列车嘉兴—上海南1张新空硬座客快速全价电子客票，携带儿童2名(3周岁、5周岁)，上海南站应如何办理?(写出理论依据、计算过程并填制票据)

解:《国铁集团客规》规定，每一名持票成年人旅客可免费携带一名未满6周岁且不单独占用席位的儿童乘车，超过一名时，超过人数应当购买儿童优惠票。应购买儿童优惠票而未买票的儿童，补收儿童优惠票票款。

嘉兴—上海南　80 千米

新空硬座客快速半价票价：12.5×50%＝6.25≈6.50(元)

填写“客运运价杂费收据”，如图 3-7 所示。

上海局集团公司

客运运价杂费收据

20××年 11 月 28 日　　　　(存根)

原票据	种别	日期		月　日　　时到达、通知、变更
		号码		月　日　　时　交　　付
		发站		
		到站		核收保管费　　　　日

核收区间	核收费用			款　额
	种别	件数	重量	
自　嘉兴　站 至　上海南　站 经由(　春申　) 座别　硬　人数　壹	新空硬座客快速半价			6.50
	合　计			6.50

记事	K××次列车到达，1 名成年旅客携带儿童 2 名(3 周岁、5 周岁)持全价票 1 张。姓名×××，身份证号××…××。

上海南　站经办人印

A000000

图 3-7　客运运价杂费收据(例 3-1)

【例 3-2】 20××年 11 月 28 日，D×××次列车(杭州东—昆明南，经沪昆高速铁路运行，执行公布票价)到达金华站，列车移交 1 名旅客持本次列车诸暨—金华二等座车票，客运记录注明列车到达金华站前查票发现该旅客在一等座车厢内休息，因列车补票机故障，现交车站处理，金华站应如何办理？(写出理论依据、计算过程并填制票据)

解：《国铁集团客规》规定，持用低票价席别车票乘坐高票价席别时，补收所乘区间的票价差额，并加收已乘区间应补票价 50%的票款。

诸暨—金华　95 千米

动车组列车一等座票价：0.336 6×(1＋10%)×95＝35.174 7≈35.00(元)

动车组列车二等座票价：0.280 5×(1＋10%)×95＝29.312 25≈29.50(元)

票价差：35.00－29.50＝5.50(元)

加收票款：5.50×50%＝2.75≈3.00(元)

合计：5.50＋3.00＝8.50(元)

填写“客运运价杂费收据”，如图 3-8 所示。

上海局集团公司

客运运价杂费收据

20××年 11 月 28 日 （存根）

<table>
<tr><td rowspan="4">原票据</td><td>种别</td><td>日期</td><td>202×年 11 月 28 日</td><td colspan="4">月　日　　时到达、通知、变更</td></tr>
<tr><td rowspan="3">电子客票</td><td>号码</td><td>90××××34</td><td colspan="4">月　日　　时　交　　付</td></tr>
<tr><td>发站</td><td>诸暨</td><td colspan="4" rowspan="2">核收保管费　　　　日</td></tr>
<tr><td>到站</td><td>金华</td></tr>
<tr><td colspan="4" rowspan="2">核 收 区 间</td><td colspan="3">核收费用</td><td rowspan="2">款　　额</td></tr>
<tr><td>种别</td><td>件数</td><td>重量</td></tr>
<tr><td colspan="4" rowspan="6">自 诸暨 站
至 金华 站
经由（　/　）
座别 一等座 人数 壹</td><td>票价差</td><td></td><td></td><td>5.50</td></tr>
<tr><td colspan="2">加收票款</td><td></td><td>3.00</td></tr>
<tr><td></td><td></td><td></td><td></td></tr>
<tr><td></td><td></td><td></td><td></td></tr>
<tr><td colspan="3">合　　计</td><td>8.50</td></tr>
<tr><td>记事</td><td colspan="7">D×××次列车到达，持二等座车票乘坐一等座。姓名×××，身份证号××…××。</td></tr>
<tr><td colspan="8">金华 站经办人㊞印</td></tr>
</table>

A000000

图 3-8　客运运价杂费收据(例 3-2)

五、铁路乘意险

乘意险是指由中国铁路财产保险自保有限公司(以下简称铁路保险公司)向旅客发售的一款铁路旅客人身意外伤害商业保险产品。

(一)乘意险销售

乘意险销售方式包括互联网销售、售票窗口销售以及自动售票机销售三种方式。

1. 互联网销售方式

(1)旅客在 12306 网站(含铁路 12306 移动端)上购买车票时，可同时购买乘意险产品。

(2)旅客在12306网站购买乘意险后,会自动生成电子保单,旅客可凭短信的保单查询号登录中国铁路保险网站(www.china-ric.com)查询相关信息。

(3)持中华人民共和国居民身份证在12306网站购买乘意险的父母,可为其免费携带身高不足1.2米且不满10周岁并通过中华人民共和国居民身份证核验的一名子女,获赠一份乘意险。

2. 售票窗口销售方式

(1)旅客在车站售票窗口购买车票时,可向售票员要求同时购买乘意险产品。

(2)售票员要严格遵循旅客自愿购买原则,发售乘意险时,必须要求旅客通过"购保确认器"。

3. 自动售票机销售方式

车站自动售票机仅支持18岁以上成人旅客持有效居民身份证购买乘意险,并提供保险告知单。

4. 保费和保额

乘意险保险费3元,最高保障50万元意外伤残身故赔偿金和5万元意外医疗赔偿金。

未成年旅客须由其父母进行乘意险投保,保险费1元,最高保障20万元意外伤残身故赔偿金和2万元意外医疗赔偿金。

(二)保险期限

1. 乘意险的保险期间指旅客按照保单载明的乘车日期、列车车次和发到站(以下简称指定行程),通过实名制验证或者检票进站(以二者之中最先发生的为准)时起,至旅客在到站通过检票出站时止(不包括旅客中途下车出站至重新进站)的期间。

2. 旅客所购乘意险的保险期间应与所购车票的乘车日期、车次和发到站完全一致。

3. 旅客在列车上要求延长旅行区间或在发站之前的车站上车的,则延长区间或上车站至发站区间均不属于原所购乘意险的保险范围。

4. 持通票旅客途中通票有效期终了,则原所购的乘意险自通票有效期终了时自动解除。

5. 旅客遇当日当次列车停运、线路中断等情形,并按照铁路运输企业安排转乘其他列车而变更原指定行程的,变更后的行程仍属乘意险的保险范围。

(三)退保处理

1. 旅客办理退票时,由客票系统自动完成关联乘意险的退保操作。通过银行卡支付的,已退保费按银行规定时限退回投保银行卡。

2. 旅客也可要求单独进行退保业务。

3. 已领取了乘意险发票旅客，要求退保时，必须同时出示发票，售票人员在办理退保时应收回发票。旅客未携带发票的，窗口只能为其办理退保手续，但不退还保险费，旅客在办理退保不退费手续之日起31日内，携带发票到车站售票窗口办理退还保费手续。

4. 旅客开始旅行后，铁路不再受理乘意险退保业务。

六、“铁路畅行”常旅客服务

为满足铁路客运市场需求，推进客运供给侧结构性改革，优化铁路常旅客服务，提高旅客满意度，推出“铁路畅行”常旅客会员制度。

（一）名词解释

1. “铁路畅行”常旅客会员：本人申请并通过铁路常旅客身份认证的自然人。

2. 乘车积分：购买参与积分累积列车的车票并实际乘车到站后获得的积分。

3. 活动积分：会员通过参与铁路公布的主题活动所获得的积分。

4. 升级积分：用于评定会员星级的积分，来源于乘车积分和铁路公布的其他可用于评定会员星级的积分。

5. 受让人：会员设置的可共同享受积分兑换车票或服务的自然人。

（二）会员资格和账户管理

1. 会员申请资格

年满12周岁的自然人可通过12306网站（含铁路12306移动端）、车站会员服务窗口申请成为会员。乘车积分、活动积分均可用于兑换铁路企业指定列车车票、提供的其他服务或产品。

2. 会员申请证件

（1）中华人民共和国居民身份证。

（2）港澳居民来往内地通行证。

（3）台湾居民来往大陆通行证。

（4）外国人永久居留身份证。

（5）中华人民共和国港澳居民居住证。

（6）中华人民共和国台湾居民居住证。

（7）按规定外国居民可使用的护照。

3. 会员申请方式

（1）在网站申请成为会员。网站注册用户确认同意并遵守铁路常旅客规则与条款，按网站提示填写信息，设置消费密码，并在自动售票机或车站会员服务窗口完成身份认证后成为会员。

（2）在车站会员服务窗口申请成为会员。申请人本人持有效身份证件原件到车站会员服务窗口，确认同意并遵守铁路常旅客规则与条款，提供相关信息，设置消费密码，通过审核后成为会员。

(3)申请人成为会员后，铁路企业将为其建立会员账户。每名会员仅可拥有一个会员账户，铁路企业将以会员申请时所使用的身份证件为标识，不接受重复申请。

4. 会员账户管理

会员可通过网站、自动售票机、车站会员服务窗口、铁路客户服务中心查询账户信息，通过网站、车站会员服务窗口修改除身份证件类型、号码以及姓名以外的账户信息，通过车站会员服务窗口办理消费密码重置、会员账户注销业务。

会员在车站会员服务窗口办理消费密码重置、会员账户注销时，需本人持申请时所使用的身份证件原件。会员账户注销后，账户内积分全部作废。

(三)积分累积

1. 会员累积的积分仅进入本人账户，不能转让至他人账户。

2. 积分以“分”为单位，每次进入账户时按四舍五入取整计算。

3. 积分兑换的奖励车票不参与积分累积。

4. 国际列车、非控股企业担当列车等铁路指定列车车票，暂不参与乘车积分累积。

5. 代用票、列车补票、到站补票、非实名制车票等暂不参与乘车积分累积。

6. 乘车积分在会员本人实际乘车到站后5日内自动进入账户。

7. 乘车积分＝票面价格×5，其中票面价格以元为单位。

8. 活动积分累积规则随具体活动公布。

9. 积分自进入账户当日起连续12个月有效，在有效期内可进行兑换，到期未兑换积分自动作废。

10. 因铁路企业原因造成积分无法及时兑换，致使超过有效期的，积分有效期根据情况顺延。

11. 会员乘车积分漏登，可通过网站、车站会员服务窗口、铁路客户服务中心提交积分补登申请。会员活动积分漏登，可通过铁路客户服务中心提交积分补登申请。

12. 积分补登申请需在车票载明的开车日期后90日内(含当日)或活动结束后30日内提出，逾期将视为放弃积分。补登积分可在铁路企业接受申请7日后查看补登结果。

(四)受让人设置

1. 会员最多可设置8名受让人，受让人在添加成功60天(含当日)后生效。

2. 会员可通过网站、自动售票机、车站会员服务窗口设置受让人。

3. 会员在网站添加受让人时，受让人身份信息必须通过核验。

4. 会员在车站会员服务窗口设置受让人时，需持会员身份证件原件，添加受让人时还需提供受让人身份证件原件或复印件。

5. 会员在自动售票机设置受让人时，必须持会员和受让人的身份证件原件，且设备能够自动识读。

(五)积分兑换

1. 会员账户积分首次达到 10 000 分时，方具备兑换资格。

2. 会员进行积分兑换时，按照“先进入积分先消费”的原则消耗积分。

3. 积分兑换时只允许使用单一账户，不可透支，不可与其他支付方式混合支付。

4. 会员可通过网站、车站会员服务窗口为本人或指定的受让人兑换车票。

5. 会员在车站会员服务窗口兑换车票时，需持会员本人身份证件原件。为受让人兑换车票时还需提供受让人身份证件原件或复印件。

(六)兑换车票

1. 允许积分兑换的车票以 12306 网站实际查询结果为准。

2. 积分只能兑换直达票。

3. 积分兑换的车票票面不显示票价。

4. 积分用于兑换车票时，100 积分相当于 1 元人民币。

5. 积分兑换的车票可办理挂失业务，办理规则与普通车票相同。

6. 积分兑换的车票可办理一次改签业务，改签范围仍为允许积分兑换的车票，并有相应的积分。改签新票票价高于原票票价时需使用积分支付差额，新票票价低于原票票价时差额不退。

距车票乘车站开车前 48 小时以上改签时，或开车前不足 48 小时改签票面乘车日期及以前的列车时，以及开车后在当日 24 时之前改签当日其他列车时，核收 1 000 积分改签费。

距车票乘车站开车前 24 小时以上、不足 48 小时，改签票面乘车日期之后的列车时，按改签前后低票价车票积分的 5%核收改签费；开车前不足 24 小时，改签票面乘车日期之后的列车时，按改签前后低票价车票积分的 15%核收改签费；开车后在当日 24 时之前，改签次日及以后列车时，按改签前后低票价车票积分的 40%核收改签费；改签费低于 1 000 积分时，按 1 000 积分核收改签费。

7. 积分兑换的车票不办理变更到站和退票业务，但遇不可抗力或铁路企业原因造成兑换车票不能使用时，可办理车票退票手续，退票后兑换所用积分全部返回会员账户，并重新计算有效期。

8. 积分可以兑换的铁路企业提供的其他服务或产品的规则另行公布。

(七)会员等级

1. 会员从低到高依次分为二星级、三星级、四星级和五星级。会员申请成功后，初始为二星级。

2. 会员升级评定每日执行一次，在评定日前连续 12 个月内升级积分达到标准，即升级为相应星级会员，见表 3-2。

表 3-2　会员星级及评定标准

会员星级	评定标准
三星级会员	5 万升级积分
四星级会员	15 万升级积分
五星级会员	25 万升级积分

3. 升级后的相应星级会员资格在评定次日生效，有效期为连续 12 个月。

4. 三星级、四星级、五星级会员资格到期前进行保级评定，以评定日前连续 12 个月累积的升级积分计算。

5. 保级评定标准与升级评定标准相同。不能保持原等级的，降级至相应星级会员。

6. 保级评定后仍为三星级、四星级、五星级会员的，相应星级会员资格在评定次日生效，有效期为连续 12 个月。

(八)其他规定

1. 如会员有呈报虚假或错误信息、向他人出售积分兑换车票、提报不实乘车记录、冒用他人身份信息注册等行为，铁路企业可核减积分、冻结账户、注销账户等措施。

2. 如因会员本人行为，导致持兑换车票的乘车人不符合乘车条件，铁路有权拒绝乘车人乘车，兑换车票所使用的积分不予退还。

3. 如会员存在利用系统差错、故障或其他漏洞，造成铁路企业或其他会员权益受损的行为，铁路企业可注销该会员账户并拒绝其次申请成为会员。

4. 实行电子客票之后，积分兑换的车票不能开具报销凭证，但是能取“行程信息提示”。

七、乘车证种类

(一)铁路乘车证

为适应铁路点多线长、流动分散的生产特点，便利铁路职工在铁路沿线进行生产、工作和生活的必要乘车。

1. 铁路乘车证种类

(1)硬席全年定期乘车证，浅蓝色，横版，如图 3-9 所示。该证件可免于签证，可中途下车。

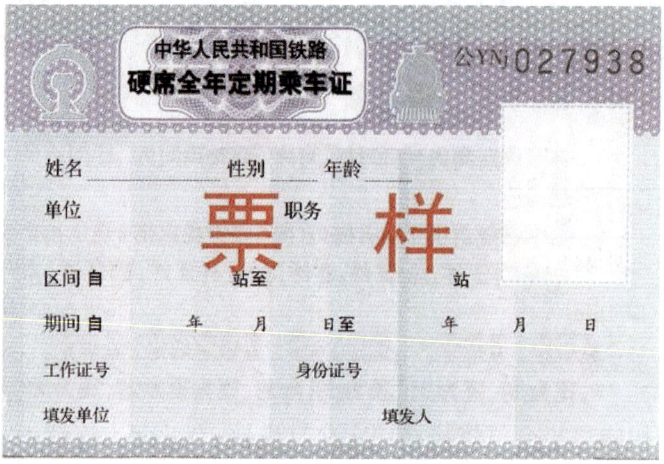

图 3-9 硬席全年定期乘车证

(2)软席全年定期乘车证,浅粉色,横版,如图 3-10 所示。该证件可免于签证,可中途下车,可以乘坐动车组列车卧铺和一等座席。

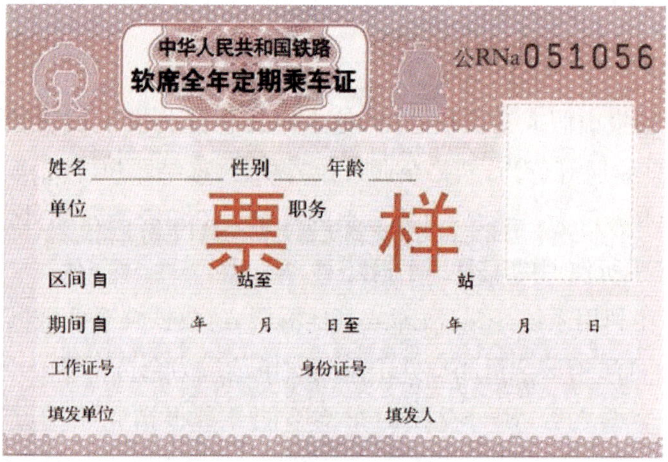

图 3-10 软席全年定期乘车证

(3)硬席临时定期乘车证,浅蓝色,竖版,如图 3-11 所示。乘车前办理签证,可中途下车,一次出差到一条线的几个站,可填到最远站;一次出差到几条线又不顺路者,可按线填最远到站,但不能超过三个到站。

(4)硬席乘车证,浅蓝色,竖版,如图 3-12 所示。单程或往返一次有效,除转乘外,中途下车无效。

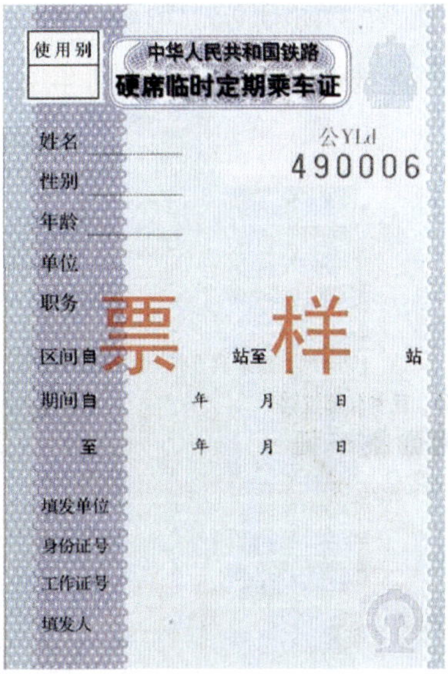
中华人民共和国铁路
硬席临时定期乘车证
使用别
公YLd
490006
姓名
性别
年龄
单位
职务
票样
区间自 站至 站
期间自 年 月 日
至 年 月 日
填发单位
身份证号
工作证号
填发人

图 3-11 硬席临时定期乘车证

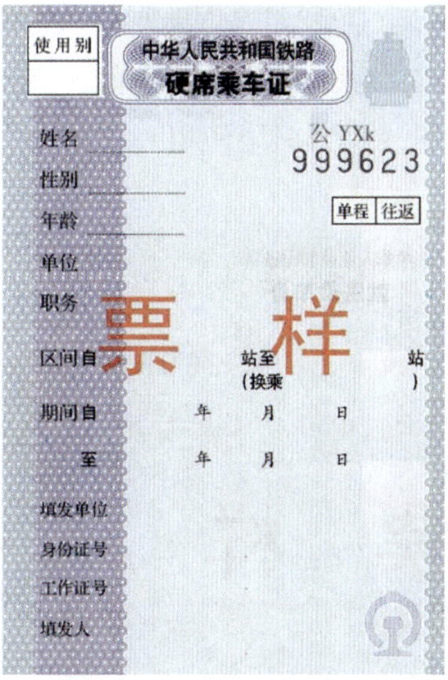
中华人民共和国铁路
硬席乘车证
使用别
公YXk
999623
单程 往返
姓名
性别
年龄
单位
职务
票样
区间自 站至 站
(换乘)
期间自 年 月 日
至 年 月 日
填发单位
身份证号
工作证号
填发人

图 3-12 硬席乘车证

(5)软席乘车证,浅粉色,竖版,如图 3-13 所示。单程或往返一次有效,除转乘外,中途下车无效。

(6)探亲乘车证,浅黄色,竖版,如图 3-14 所示。准乘除国际、旅游列车以外的各种旅客列车,须由车站签证除换乘外,中途下车无效。

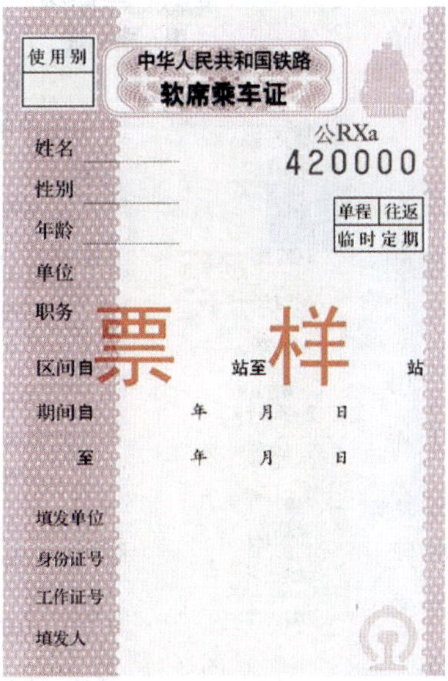
中华人民共和国铁路
软席乘车证
使用别
公RXa
420000
单程 往返
临时 定期
姓名
性别
年龄
单位
职务
票样
区间自 站至 站
期间自 年 月 日
至 年 月 日
填发单位
身份证号
工作证号
填发人

图 3-13 软席乘车证

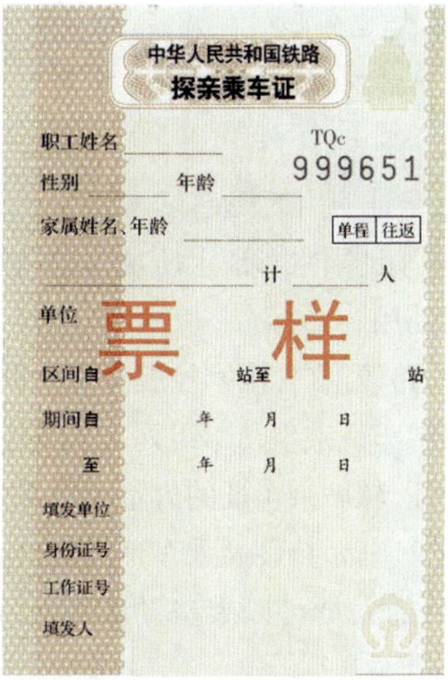
中华人民共和国铁路
探亲乘车证
TQc
999651
职工姓名
性别 年龄
家属姓名、年龄
单程 往返
计 人
单位
票样
区间自 站至 站
期间自 年 月 日
至 年 月 日
填发单位
身份证号
工作证号
填发人

图 3-14 探亲乘车证

(7)就医乘车证,浅黄色,竖版,如图 3-15 所示。准乘快车和普速旅客列车,除换乘外,中途下车无效,定期就医可免于签证,定期就医乘车证一年填发一次,有效期间为一个历年。

(8)通勤(通学、定期)乘车证,浅黄色,横版,如图 3-16 所示。可免于签证,除换乘外,中途下车无效,持用定期通勤、通勤乘车证准乘各种旅客列车(国际列车除外),定期通勤乘车证一个月只限使用一次。

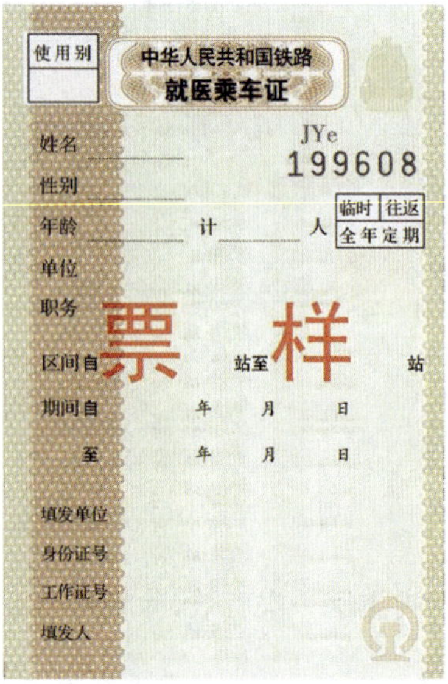

图 3-15 就医乘车证

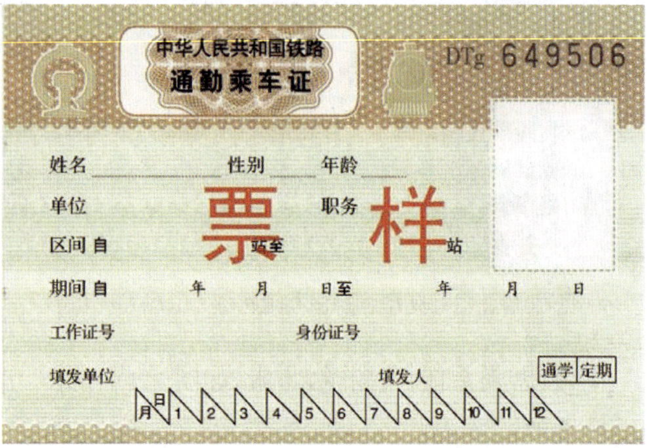

图 3-16 通勤(通学、定期)乘车证

(9)便乘证,浅蓝色,竖版,如图 3-17 所示。按指定日期、车次一次乘车有效,在正式或临时营业铁路上准乘各种旅客列车(国际列车除外),便乘证可免于签证进站。

2. 乘车证使用的规定

(1)乘车证限乘车证上所填写的持用人在有效期间和区间使用。

(2)铁路职工(含国家控股合资铁路公司职工)可以持铁路乘车证乘坐动车组列车。其中,持软席全年定期乘车证、软席乘车证的人员可以乘坐动车组列车卧铺和一等座席,持硬席乘车证(含全年定期、临时定期乘车证)的人员可以乘坐动车组列车卧铺和二等座席。

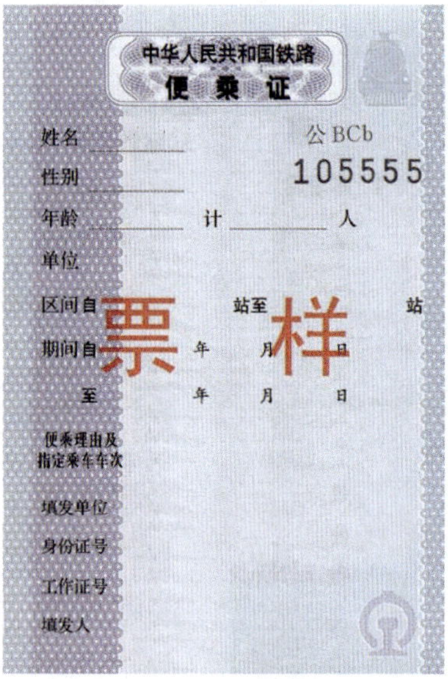

图 3-17 便乘证

(3)持硬席乘车证人员乘坐动车组列车一等座席,应按照"应收－已收"的原则补收价差,具体票价差＝一等座执行票价－二等座执行票价。执行票价指同车同日同区全价的票面票价。

(二)其他乘车证

1. 全国铁路通用乘车证。

(1)全国铁路通用乘车证为有价凭证,其费用已由国铁集团与使用单位统一结清。持证可乘坐除国际列车、联运车厢以外普速旅客列车所有座席,卧铺以及动车组列车二等座。

(2)全国铁路通用乘车证为不记名式,由国铁集团统一制发,加盖国铁集团印章。目前仅向国家安全部门或公安部门发放全国铁路通用乘车证,并要求使用该证人员必须同时出示使用者本人的工作证方为有效。

(3)站车工作人员要加强对乘车证的查验,如持证者无法提供本人工作证,或工作证不是国家安全部门或公安部门,一律要查扣持证者的工作证和通用乘车证,并按规定进行补票。相关单位要在3日内将查扣的工作证、通用乘车证、持证者身份证件信息和具体情况说明上交铁路局集团公司客运部。

2. 外宾乘车证。

外宾乘车证分为全年定期乘车证和临时定期乘车证。

适用范围内除国际列车、对港直通车以外的其他各种旅客列车。持外宾乘车证准乘软席,包括普速旅客列车软座、软卧,动车组列车一等座、卧铺及以下等级席位,不包含普速旅客列车高级软卧、动车组列车高级软卧、动车组列车商务座、动车组列车特等座。

3. 用于到外站装卸作业及抢险的调度命令,如图3-18所示。

调 度 命 令

年　月　日　时　分

第_______号

受令处所		调度员姓名	
内容			

(规格110毫米×160毫米)　　受令车站____________车站值班员____________

图3-18　调度命令

4. 旅客列车登乘证。

(1)登乘证种类

①工作登乘证:具备申办登乘证资格的劳务人员,因工作需要经常在所管辖范围区

域内(不超过上海局集团公司管辖范围)铁路沿线往返乘车的。

②通勤登乘证(图 3-19):具备申办登乘证资格的劳务人员家庭居住所在地在上海局集团公司管辖范围内,且与工作地不在同一地需要通勤往返乘车的。

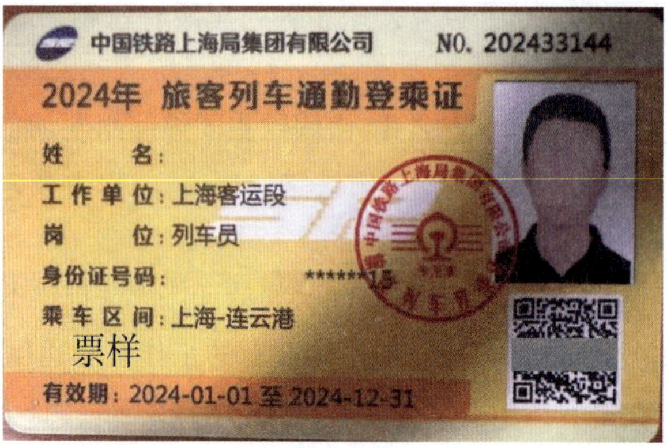

(a)正面

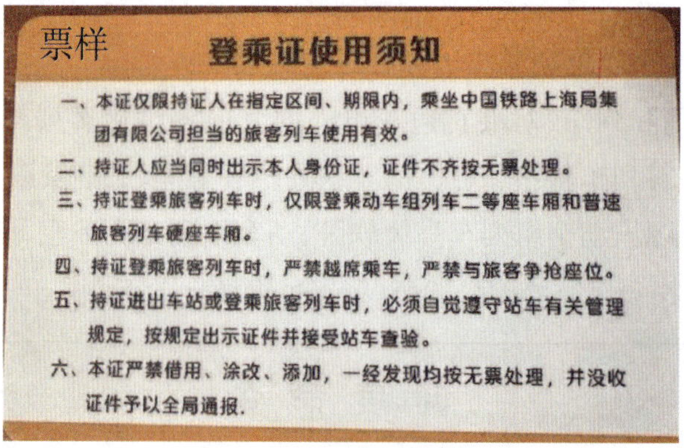
票样

登乘证使用须知

一、本证仅限持证人在指定区间、期限内,乘坐中国铁路上海局集团有限公司担当的旅客列车使用有效。

二、持证人应当同时出示本人身份证,证件不齐按无票处理。

三、持证登乘旅客列车时,仅限登乘动车组列车二等座车厢和普速旅客列车硬座车厢。

四、持证登乘旅客列车时,严禁越席乘车,严禁与旅客争抢座位。

五、持证进出车站或登乘旅客列车时,必须自觉遵守站车有关管理规定,按规定出示证件并接受站车查验。

六、本证严禁借用、涂改、添加,一经发现均按无票处理,并没收证件予以全局通报.

(b)背面

图 3-19 旅客列车通勤登乘证

(2)登乘证使用

申办人员应为上海局集团公司批准使用的劳务派遣工。新职劳务人员签订劳务派遣协议且具备上岗资格可方可申请办理。

登乘证必须加盖“中国铁路上海局集团公司旅客列车登乘证章”方能生效。有效期为本年度发证日至 12 月 31 日,可延期使用至次年 1 月 15 日。

登乘证不办理签证,只限登乘本局担当的旅客列车,仅可乘坐普速旅客列车硬座或动车组列车二等座。除合理的中转换乘,一律不得中途下车。

(三)其他证件

1. 侦查证

军队保卫人员依法执行军队保卫任务时,出示侦查证,可以进出车站站台、列车及有关场所，可以优先购票和乘车。遇有紧急情况来不及购票时，可凭侦查证先上车后补票。

2. 铁路行政执法证

铁路行政执法证可以直接使用，不用配备相应铁路乘车证。

3. 客运监察证

客运监察证封皮为皮质、红色，长方形对开式样，规格为 107 毫米×77 毫米。

4. 安全监察证

安全监察证由国铁集团统一印制。铁路局集团公司行车安全监察机构负责人和监察人员的监察证由铁路局集团公司签发。

5. 铁路运输收入稽查证

铁路运输收入稽查证、稽查臂章和稽查印章是运输收入稽查人员执行任务的凭证和标识。铁路运输收入稽查证由国铁集团统一制作。

6. 乘车证监察证

乘车证监察证封皮为塑料，黑色封面，印有银色字体的"中国国家铁路集团有限公司"和"乘车证监察"字样。

(四)违章使用处理

1. 违章使用乘车证，如在票面上加添、涂改、转借、超过有效期限或有效区间已乘车，未持规定的有关证明、证件或持伪造证明、证件的均按无票处理，要查扣其乘车证及有关证件。此外，单位还应追究其行政责任。对持用伪造乘车证者，一经发现，应立即查扣，并移交公安机关依法处理。超出规定条件使用乘车证者，也按违章使用处理。

2. 违章使用乘车证均要按所乘旅客列车的等级、席别、铺别、区间(单程或往返)及票面填写人数，按照《国铁集团客规》的规定补收和加收票款，下列乘车证还应按票面记载的席别、区间，按照下列计算方法加收罚款：

(1)定期通勤乘车证，按票面填写乘车区间，自有效月份起至发现违章月份止按每月 1 次往返的里程计算。

(2)全年定期乘车证、临时定期乘车证、通勤(通学)乘车证。从有效日期(过期的从有效期终了的次日)至发现违章日期止，票面填写的乘车区间在一个铁路局集团公司以内的，按每日乘车 50 千米计算票价；乘车区间跨铁路局集团公司的，按每日乘车 100 千米计算票价，计算后低于 50 元的按 50 元核收。

(3)发现其他违章行为的，均按《国铁集团客规》的规定相应处理。

【例 3-3】 20××年 3 月 10 日，K×××次列车(德州—上海，新空)到达昆山站，车站组织旅客出站时发现 1 名旅客持本人徐州—昆山硬席乘车证(票号 YXk××××32，有效期 2024 年 3 月 1 日—3 月 5 日)，昆山站应如何办理？(写出理论依据、计算过程并填制票据)

解：《铁路乘车证管理办法》规定，违章使用乘车证按无票处理，要查扣其乘车证及有关证件。按所乘旅客列车的等级、席别、铺别、区间(单程或往返)及票面填写人数按照

《国铁集团客规》的规定补收和加收票款。

徐州—昆山　600 千米

新空硬座客快速票价：81.00 元

加收票款：40.50 元

合计：81.00＋40.50＝121.50(元)

填写“客运运价杂费收据”，如图 3-20 所示，查扣其乘车证报上海局集团公司财务部。

上海局集团公司

客运运价杂费收据

20××年 3月 10日　　　　(存根)

原票据	种别	日期		月　日　　时到达、通知、变更
		号码		月　日　　时　交　　付
		发站		核收保管费　　　　日
		到站		

核收区间	核收费用 种别	件数	重量	款　额
自 徐州 站 至 昆山 站 经由(　/　) 座别 硬 人数 壹	新空硬座客快速票价			81.00
	加收票款			40.50
	合　计			121.50

记事	K×××次列车到达，硬席乘车证过期。姓名×××，身份证号××…××。

昆山　站经办人㊞印

A000000

图 3-20　客运运价杂费收据(例 3-3)

【例 3-4】　20××年 2 月 7 日，T×××次列车(北京—上海，新空)到达上海站，车站组织旅客出站时发现，李某(××工务段职工)借用同事王某徐州—上海硬席临时定期乘车证(票号 YLc××××32，有效期 2024 年 2 月 1 日—3 月 31 日)，上海站应如何办理？(写出理论依据、计算过程并填制票据)

解：《铁路乘车证管理办法》规定，违章使用乘车证按无票处理，要查扣其乘车证及有关证件。按所乘旅客列车的等级、席别、铺别、区间(单程或往返)及票面填写人数按照

《国铁集团客规》的规定补收和加收票款。

临时定期乘车证还应按票面记载的席别、区间加收罚款，从有效日期（过期的从有效期终了的次日）至发现违章日期止，票面填写的乘车区间在一个铁路局集团公司以内的，按每日乘车 50 千米计算票价；乘车间区跨铁路局集团公司的，按每日乘车 100 千米计算票价，计算后低于 50 元的按 50 元核收。

徐州—上海　649 千米

新空硬座客快速票价：91.00 元

加收票款：91×50%＝45.50（元）

罚款：2 月 1 日—2 月 7 日共 7 天，7×4＝28.00（元）

（计算后低于 50 元的按 50 元核收）

合计：91.00＋45.50＋50.00＝186.50（元）

填写“客运运价杂费收据”如图 3-21 所示，查扣其乘车证报上海局集团公司财务部。

上海局集团公司

客运运价杂费收据

20××年 2 月 7 日　　（存根）

<table>
<tr><td rowspan="4">原票据</td><td>种别</td><td>日期</td><td></td><td colspan="3">月　日　时到达、通知、变更</td></tr>
<tr><td rowspan="3"></td><td>号码</td><td></td><td colspan="3">月　日　时　交　付</td></tr>
<tr><td>发站</td><td></td><td colspan="3" rowspan="2">核收保管费　　日</td></tr>
<tr><td>到站</td><td></td></tr>
<tr><td colspan="4" rowspan="2">核 收 区 间</td><td colspan="2">核收费用</td><td rowspan="2">款　额</td></tr>
<tr><td>种别</td><td>件数</td></tr>
<tr><td colspan="4" rowspan="5">自　徐州　站
至　上海　站
经由（　/　）
座别　硬　人数　壹</td><td colspan="2">新空硬座客快速票价</td><td>91.00</td></tr>
<tr><td>加收票款</td><td></td><td>45.50</td></tr>
<tr><td>罚款</td><td></td><td>50.00</td></tr>
<tr><td></td><td></td><td></td></tr>
<tr><td colspan="2">合　计</td><td>186.50</td></tr>
<tr><td>记事</td><td colspan="6">T××次列车到达，××工务段职工李某借用同事徐州—上海硬席临时定期乘车证（有效期 2024 年 2 月 1 日—3 月 31 日）。姓名李某，身份证号××…××。</td></tr>
<tr><td colspan="7">上海　站经办人㊞印</td></tr>
</table>

A000000

图 3-21　客运运价杂费收据（例 3-4）

八、运输收入管理

运输收入是指运输企业在办理客货运输业务和辅助作业中向旅客、托运人、收货人核收的运输全程票款、运费和杂费等运输费用的总称，其资金形态统称为运输收入进款。

(一)运输收入分类

运输收入分为客运收入、货运收入、铁路建设基金和代收款。

1. 客运收入是指运输企业在办理旅客运输业务和辅助作业中，使用客货票据，按规定向旅客、托运人、收货人核收的票款、运费、杂费。

2. 货运收入是指运输企业在办理货物运输业务和辅助作业中，使用客货票据，按规定向托运人、收货人核收的运费、杂费。

3. 铁路建设基金是指运输企业在办理货物运输业务过程中，使用客货票据，按规定向托运人、收货人核收的经国家批准征收的铁路建设基金。

4. 代收款是指客货营业单位核收铁路运输费用时，按规定一并核收其他费用，或使用其他企业专用票据为其代收的款项等。

(1)国际联运应清算给外国铁路的旅客票价收入，行李、包裹、货物运杂费。

(2)内地与香港直通运输中，应支付给有关铁路方的旅客票价收入及代办费，行李、包裹、货物运杂费。

(3)代收的旅客、货物保险费等。

(4)旅客、托运人、收货人预付款。

(5)经批准的其他代收款等。

(二)客货票据管理

1. 客货票据范围与性质。

铁路办理客货运输使用的各种车票、行李票、包裹运单、货物运单、客货运杂费收据和定额收据，以及电子票据等统称为客货票据。客货票据是铁路收取客货运输费用的结算单据和运输企业核算运输收入的原始凭证。

客货票据分为以印刷或打印形式体现的铁路纸质票据，或以电子数据信息形式体现的铁路电子票据。

2. 客货票据保管期限，见表3-3。

表3-3　客货票据保管期限

序号	种　类	保管期限
1	POS机凭条	1年
2	代用票，客运运价杂费收据，空白退票报销凭证，头、尾引票，人身保险，定额专用发票，行李票，包裹票，军运后付货票，运费杂费收据，车站退票，改签票	3年

续上表

序号	种　类	保管期限
3	客货票据账，客货票据印刷验收差错记录，客货票据缺号证明书，客货票据收发月报，列车长领用票据月报，票据请领单，调拨单，缴销单，销毁单，清查单，收发票据登记簿，使用完毕票据报表出入库登记簿，运输收入资料调阅登记簿，路产出租、使用账簿，堵漏保收登记簿，货物运单，车站退票、改签、废票报告，原退定义附表，停晚表，审批单及其附件，各类票据整理报告，车站退款证明书，补、退款通知书，售票窗口日结账(2 号表)，票据进款交接单，票据进款交接班登记簿，多、少缴款凭证，预付款存入、抵用凭证，运输进款欠补款报告，(　)明细账，(　)总账，稽查记录	5 年
4	银行对账单(单独装订)，国际联运运单、国际联运国内段运单	10 年
5	银行原始凭证，车站银行流转额表，运输进款收支报告，运输进款动态报告，银行对账单(不单独装订)，运输进款银行日记账	30 年

3. 客货票据使用与管理。

客货票据的印制和使用应当遵守以号控票、以票控款原则。按照客货票据编码规则和票符票号顺序连续性，不得间断或缺失。任何单位和个人不得篡改电子票号。

运输企业、客货营业单位、客货运输业务系统维护单位都应当设置客货票据总账、明细账，掌握客货票据动态。根据客货票据整理报告及时登账，结出票据使用数量。出现电子票号缺失或票号未连续使用时，应当分别登账，并按票据丢失事故规定计算事故金额。

运输企业及客货营业单位应当设置票据库保管纸质票据。票据库必须配备安全设施，并实施票账分管制度、票据出入库和交接制度，定期清查。纸质票据未经收入管理部门批准，不准相互调拨和借用。

中铁银通卡实体卡片(包括铁路 e 卡通等)相关票据，执行客货票据管理的相关规定。

(三)运输费用核收方式

铁路运输费用核收分为现付、到付、后付、预付四种。

1. 现付：旅客票价、行李、货物运费以及发站发生的杂费(或发站计算核收到站杂费)实行发送核算制，由发站负责计费收款，发送运输企业审核列账。

由客运售票、货运制票单位或站点负责计费收款，收款运输企业审核列账。

12306 网站售票、95306 网站制票，通过客货运输业务信息系统和铁路电子支付计费和结算运输费用，由票面发站的运输企业审核列账。

2. 到付：批准按到付办理的货物运杂费、中途站和到站发生的杂费，由到站负责计费收款，到达运输企业审核列账。

3. 后付：符合后付范围的军事运输发生的票款、运费、押运人乘车费，以及国铁集团批准的按后付办理的货物运输费用，由发站负责制票，发送运输企业集中核算、列账，并按国铁集团制定的结算办法向指定单位进行结算。

4. 预付:铁路运输费用在付款人和收款人双方自愿的原则下可签订合同按预付办理。

(四)运输费用结算方式

铁路运输费用结算方式分为现金结算和非现金结算两种。非现金结算包括支票、电子支付等。

对企业、事业单位、机关团体和签有合同的单位发生的铁路运输费用,可以使用支票结算。对经常发到货物的单位,在不影响客货营业单位运输费用送存银行的前提下,可按日汇总结算。

对符合条件的铁路签约客户,可以办理一定时期内发生铁路运输费用的汇总结算。

铁路运输费用不办理异地托收。

发生退款时,按原收款结算方式办理。

(五)运输收入事故分类与等级

1. 运输收入事故种类分为现金事故、票据事故和坏账损失。

(1)现金事故:现金丢失、被盗、被抢劫。

(2)票据事故:纸质铁路客货票据在印制、保管、发放、寄送、运输和使用过程中所发生的(含使用过的发送、到达客货票据和印刷过程中的半成品)丢失、灭失、被盗、短少,以及未连续使用或缺失客货电子票据号码,篡改、丢失铁路电子票据数据信息。

(3)坏账损失:因失职造成的无法收回的运输收入。

2. 运输收入事故等级分为一般事故、大事故和重大事故。

(1)一般事故:损失金额不足100万元。

(2)大事故:损失金额100万元及其以上,不足1 000万元。

(3)重大事故:损失金额1 000万元及其以上。

(六)运输收入事故金额计算

1. 现金、银行票据和坏账损失按实际损失计算。

2. 区段票每张按剪断线最高额计算。

3. 印有固定金额的纸质票据,按票面金额计算。

4. 未印金额的纸质票据,按每组(张)1 000元计算。

5. 使用过的客货票据和到达票据的事故金额按实际损失计算,不能确定的按上述相应票据计算。

6. 上述以电子数据信息形式体现的铁路电子票据事故的金额按上述相应票据计算。

第三节　失信管理

客运人员在坚持按标准作业、维护规章制度的时候，会遇到不配合的旅客。面临这些情况时，可以用好规章文件的递进关系，在保护好自己的同时，守护站车秩序。相信人人从自身出发，站车协作，坚守职责，那些不和谐的声音会越来越少。

一、失信人概念

特定严重失信人是指《关于在一定期限内适当限制特定严重失信人乘坐火车推动社会信用体系建设的意见》中规定的限制乘坐火车的人员。

二、失信人处置

对严重失信人依据《中国铁路上海局集团有限公司限制铁路旅客运输领域严重失信人购买车票实施办法》有关规定进行认定及处置。

(一)发生严重失信行为的旅客限制乘坐铁路旅客列车

1. 扰乱铁路站车运输秩序且危及铁路安全、造成严重社会不良影响的。
2. 在动车组列车上吸烟或者在其他列车的禁烟区域吸烟的。
3. 倒卖车票、制贩假票的。
4. 冒用优惠(待)身份证件、使用伪造或无效优惠(待)身份证件购票乘车的。
5. 持伪造、过期等无效车票或冒用挂失补车票乘车的。
6. 无票乘车、越站(席)乘车且拒不补票的。
7. 依据相关法律法规予以行政处罚的。

(二)严重失信行为以公安机关处罚或铁路站车单位认定为准

1. 发生第一项规定的1、2、3、7种情形即认定为失信行为。自公示期满无有效异议之日起180天内限制其购买车票。

2. 发生第一项规定的4、5、6种情形即认定为失信行为。其中，发生第一项规定的4、5种情形即使旅客按规定补票也认定为失信行为，发生第一项规定的6种情形旅客在结束本次旅行前最终按规定补票则不认定为失信行为。

旅客未补票的，自公示期满无有效异议之日起至失信人补齐所欠票款前限制其购买车票；失信人补齐第一次所欠票款后(自补票次日算起)一年内，三次发生上述第一项规定的4、5、6种情形的，失信人补齐所欠票款后90天(含90天)内限制其购买车票。

3. 失信人的限制购票期限期满次日起自动解除对其的购票限制。

(三)严重失信行为处置流程

站车现场采集严重失信行为的证据包括失信人本人书面证明或音视频记录或 2 名以上旅客证人证言。

1. 站车工作人员应使用客运记录详细记录失信人的姓名、有效身份证件类型及号码、住址、联系方式、乘车日期、车次、区间、失信行为、处理情况等信息，并由站车工作人员和失信人本人签字。旅客拒绝签字时应当注明。失信旅客身份信息记录要做到记载完整、字迹端正、清晰可辨。

2. 站车工作人员应采用音视频记录仪、视频监控系统记录处置全过程。不具备音视频记录条件时应收集 2 名旅客以上的证人证言。

3. 站车工作人员在处置时，应通过口头或书面方式明确告知旅客处置依据和纳入铁路旅客信用信息管理，采取限制购票措施。

4. 站车客运人员在日常作业中发现第一项规定的 1、2、4、5、6 种行为时，应按规定做好相关证据采集。

对第一项规定的 1、2、4、5 种行为的，还应立即通知公安民警进行处置。实行“巡乘制”列车的列车长应提前通知失信旅客的下车站和车站派出所，并提前做好交接准备。车站和车站派出所接到列车报告后，按照职责分工做好站车交接手续。

5. 站车工作人员遇成人旅客携带不符合乘车条件的儿童共同旅行，且拒不补票时，应将该成人旅客作为失信人，做好失信行为证据的采集工作。

6. 站车工作人员应在 5 日内通过“铁路客运管理信息系统”(网页版或移动端)中“征信管理”功能模块录入失信人的失信行为信息。

失信人需对录入的第 4～6 种失信行为进行补票时，应到车站指定售票窗口办理。车站售票窗口遇失信人购票受限时，应根据系统提示信息告知失信人。

7. 铁路旅客信用信息记录期限，自失信行为发生之日起一般为 5 年；超过 5 年的，应当予以删除。国家对相关期限另有规定的，从其规定。

【例 3-5】 20××年×月×日，G7××次列车到达宁波站，车站组织旅客出站时，发现旅客张某持当次列车温州南—宁波全价电子客票 1 张，携带年满 7 周岁儿童 1 名无票，拒不补票，宁波站应如何办理？(请写出处置要点并编制客运记录，不足条件自设)

解：《限制铁路旅客运输领域严重失信人购买车票管理办法》规定，站车现场采集严重失信行为的证据包括失信人本人书面证明或音视频记录或 2 名以上旅客证言。

(1)站车工作人员应使用客运记录详细记录失信人的姓名、有效身份证件类型及号码、住址、联系方式、乘车日期、车次、区间、失信行为、处理情况等信息，并由站车工作人员和失信人本人签字。失信人拒绝签字时应当注明。

(2)站车工作人员应采用音视频记录仪、视频监控系统记录处置全过程。不具备音视频记录条件时应收集 2 名以上旅客的证人证言。

(3)站车工作人员在处置时,应通过口头或书面方式明确告知旅客处置依据和纳入铁路旅客信用信息管理,采取限制购票措施。

(4)站车工作人员发现严重失信行为时,按照“谁采集,谁录入”的原则,在 5 日内通过“铁路客运管理信息系统”中“征信管理”功能模块,按指定格式录入失信人失信行为信息。客运记录如图 3-22 所示。

上 海 局 集 团 公 司　　客统—1

客　运　记　录

第24—006号

记录事由：儿童超龄拒不补票
20××年×月×日，旅客张某，居民身份证号码××…××，住址浙江省××
市××区××街道××号，手机号：××…××，持当日G7××次温州南—宁波
全价车票壹张，携带年满7周岁儿童壹名，无票且拒不补票，车站将记录您的身
份信息，在一定期限内限制购票，并按规定向地方政府相关部门和有关征信机构
提供铁路旅客信用信息。
失信旅客签字：张某
工作人员签字：李某

注：
1. 站、车需要编记录时均适用。
2. 本记录不能作为乘车凭证。

宁波 站/段 编制人员 印 （印）

站/段 签收人员 （印）

202×年×月×日编制

图 3-22　客运记录(例 3-5)

第四节 特定运输

本节主要介绍《广深港高速铁路跨境旅客运输组织规则》相关内容以及包车和旅游列车业务办理。

一、跨境运输

广深港高速铁路跨境旅客运输是指国铁集团管理的各客运站与香港西九龙站间的高速铁路跨境旅客运输。

(一)票务办理

1. 车票的发售

(1)对跨境旅客发售的车票为电子客票。

(2)旅客购票后,可于开车前或乘车日期之日起180日内,凭购票时所使用的有效身份证件原件到车站指定售票窗口、自动售(取)票机换取报销凭证。旅客在香港西九龙站或香港铁路有限公司(以下简称港铁公司)代售点购票的,仅限在香港西九龙站换取报销凭证。

(3)通过12306网站购票应不晚于开车前30分钟,惟发站为香港西九龙站的车票则应不晚于开车前45分钟。其他售票方式的截售时间按相关售票方式安排。

(4)车票可通过12306网站、车站售票窗口、铁路车票销售代理人的售票处、自动售(取)票机等方式购买。

(5)跨境旅客的车票最远只发售到本次列车的终到站。

2. 跨境车票改签

(1)在车票预售期内且有运输能力的前提下,旅客仅可办理一次改签手续,不办理发到站变更。

(2)办理改签应不晚于车票指定的日期、车次开车前30分钟,但发站为香港西九龙站的车票应不晚于45分钟。

(3)办理改签时,改签后的车票票价高于原车票票价时,补收差额;低于原车票票价时,退还差额。

(4)改签后的车票不得退票。

3. 跨境车票退票

(1)办理退票应不晚于车票指定的日期、车次开车前30分钟,但发站为香港西九龙站的车票应不晚于45分钟。

(2)使用非现金支付方式购票且未换取报销凭证的,可自行登录12306网站或在车站指定售票窗口办理,车票退票款按原支付方式退回。

(3)旅客使用现金支付方式购票或已换取报销凭证的，应在车站指定售票窗口办理退票；也可先行登录 12306 网站办理退票手续，并自办理之日起 180 日内，持购票时所使用的乘车人身份证件原件，到车站指定窗口办理退款手续。通过港铁公司代售点购票且未换取报销凭证的，还可在原代售点办理退票。

(4)退票费核收标准：在车票开车时间前 48 小时内办理退票的，按车票票价的 50%计算；在车票开车时间前 48 小时至第 7 天的，按车票票价的 30%计算；在车票开车时间前 8 天及以上的，按车票票价的 5%计算。退票费按元计算，不足一元的部分舍去免收。

(5)旅客开始旅行后不能退票。但旅客伤、病要求中途下车时，由列车长编制客运记录交旅客下车站，退还已收票价与已乘区间票价差额，并收取应退票款 50%的退票费。同行人同样办理。

(二)旅客携带品

1. 每位旅客携带品重量和体积：成年人 20 千克；儿童(含免费乘车儿童)10 千克；外交人员 35 千克。每件物品外部尺寸长、宽、高之和不超过 130 厘米。不办理行李、包裹托运。

2. 使用行动辅助设备的老人、幼童、病人、残疾人士、孕妇等旅客旅行时代步的折叠式轮椅，以及随行婴儿使用的折叠婴儿车，可免费携带并不计入上述范围。

3. 旅客可携带导盲犬进站乘车，犬只应系上牵引链，佩戴导盲鞍，接受安全检查。旅客应出示购票时所使用的有效身份证件、残疾人证、导盲犬工作证(载有导盲犬使用者信息，盖有内地公安部门或中国残疾人联合会公章，或带有国际导盲犬联盟标识“IGDF”，或双方铁路运输企业认可并公布的证件)、动物健康免疫证明。旅客携带导盲犬须符合内地与香港进出口检疫规定和相关铁路规定，并保证其他旅客的安全和车内的清洁卫生；导盲犬的照料、喂养和所需饲料，均由携带人自理；导盲犬对铁路或第三者造成损害时，由携带人负责赔偿。

4. 禁止、限制带入车内的物品。

(1)《广深港高速铁路跨境旅客运输组织规则》禁止和限制携带的物品。

(2)未使用纸箱等硬质包装物妥善包装完整的自行车、带有自动力的轮式代步工具(电动轮椅除外)、平衡车。

(3)除轮椅外，旅客携带的轮式交通工具不得在车站、列车内使用。旅客在站台和车上使用轮椅时，应采取人力助力形式，不得使用自动力。

5. 携带品超过规定范围的处理。

(1)车上发现旅客携带的物品超重、超大时，须指定位置摆放，由列车长编制客运记录交旅客到站处理，对超过免费重量的物品，其超重部分按每千克 20 元核收运费，不足 1 千克按 1 千克计算。对不可分拆的整件超重、超大物品，按该件全部重量核收运费。

(2)列车发现旅客已将禁止、限制携带的物品带入车内时，均交由前方停车站处理。

如前方停车站为香港西九龙站，按港铁公司适用的规定处理；如前方停车站为内地车站，按国铁集团适用的规定处理。

二、包　车

凡旅客要求单独使用加挂车辆或者开专用列车时叫包车，包车运输是一种相对特殊的旅客运输方式。

1. 包车运输费用

(1)运价里程

包车全部运行途中，里程采取通算。

(2)票价

①客车和合造车的客车部分，按客车种别、定员核收全价客票票价。成人与儿童(含享受减价优待的学生、伤残军人)混乘一辆车，人数不足时，按定员核收全价客票票价；实际乘车人数超过定员时，对超过人数按实际分别核收全价或半价客票票价。

②卧车按种别、定员核收客票及卧铺票的全价票价。

③公务车按 40 个定员核收软座客票及高级软卧票(上下铺各 1/2)的全价票价。

④豪华列车每辆按 32 个定员核收软座客票及高级软卧票(上下铺各 1/2)的全价票价。

⑤棚车代用客车，按车辆标记载重计算定员(每吨按 1.5 人折算)核收棚车客票票价。

⑥包用的客车、公务车加挂在普通快车、特快列车上或加开的专用列车、豪华列车按上述等级速度运行时，都应根据核收客票票价人数核收相应的加快票价；途中发生中转换挂(或开行)不同列车等级时，按首次挂运(或开行)的列车等级核收加快票价。

⑦包用车辆使用空调设备时，还应按核收客票票价的人数核收空调费。娱乐车、餐车的空调费按使用费的 25%计算。

(3)使用费

娱乐车、餐车使用费每日每辆 5 000 元，餐车合造车每日每辆 2 500 元(不足 1 日按 1 日核收)。

(4)停留费

包车时，根据包车人提出的全程路程单，对要求在发站、中途站、折返站停留(因换挂接续列车除外)，按下列标准核收包车停留费，在停留当日不足 12 小时的减半核收：

①娱乐车、餐车、公务车，每日每辆 5 000 元。餐车合造车，每日每辆 2 500 元。

②高级软卧车，每日每辆 3 300 元。

③软座车、软卧车、软硬卧车、硬卧车、软座硬卧合造车，每日每辆 1 800 元。

④硬座车、行李车、软硬座合造车、行李邮政车、软座行李合造车、硬座行李合造车，

每日每辆 1 400 元。

包用娱乐车、餐车，1 日内同时发生停留费、使用费两项费用时只收一项整日费用。

(5)空驶费

包用的车辆，自车辆所在站向乘车(装运)站空送时起至回送至车辆原所在站止，产生空驶时，对空驶区段(里程按最短径路并采取通算)，不分车种，每车每千米核收 3.458 元的空驶费，但棚车不核收空驶费。

(6)其他费用

包用公务车、豪华列车的服务费，按车票票价的 15%核收。

包用专用列车、豪华列车，当列车编成辆数不足 12 辆时，应按实际运行日数，每欠编一辆每日核收欠编费 850 元，当日不足 12 小时的减半核收。

2. 包车车票有效期

办理包车不受加挂列车终到站及往返乘车限制。车票有效期按所提路程单日期计算。

3. 包车变更的费用计算

包车单位在始发站停止使用，除退还已收空驶费与已产生的空驶区段往返空驶费差额外，其他费用按下列规定办理：

(1)开车 48 小时以前退还全部费用，核收票价、使用费、运费 10%的停止使用费。

(2)开车前 6 小时至不足 48 小时，退还全部费用，核收票价、使用费、运费 20%的停止使用费。

(3)开车前不足 6 小时退还全部费用，核收票价、使用费、运费 50%的停止使用费。

(4)包用单位在始发站延期使用，在开车前 6 小时以前提出时，按规定核收包车停留费；在开车前不足 6 小时提出时，核收票价、使用费、运费 50%延期使用费，并重新办理包车手续。

(5)包车单位在中途站延长使用时，经中途变更站报请铁路局集团公司同意后，核收票价、运费、使用费或包车停留费；如包车单位付款有困难，可根据书面要求，由变更站电告发站或到站补收应收费用。包车单位中途缩短使用时，所收费用不退。

三、旅游列车

旅游列车是指由旅行社等单位往返全部包用、运载旅游团体旅客的列车。上海铁路国际旅游(集团)有限公司(以下简称上铁国旅)统一经营全局旅游列车。

1. 开行条件

开行旅游列车应当在图定旅游列车运行线中选择，不得开行图外旅游列车。旅游列车开行计划应当提前两个月提报，跨局旅游列车由国铁集团批准。

开行旅游列车应当在列车始发站(局)具备相应的旅游客流量。开行跨局旅游列车的，载客车辆不少于14辆；经过限制区段的，载客车辆为限制牵引辆数减3辆；宿营车只能使用1辆。

2. 费用计算

(1)运价里程

旅游列车单程里程通算计算票价；运行径路涉及国家铁路、地方铁路、合资铁路等，实行里程通算。旅游列车不从原径路返回时，票价按实际径路计算。票价计算和票据填写时，可选择一个停车站(办理上下车业务)作为折返站，原则上折返站应为最远一个停车站。

(2)票价

①旅游列车票价按相应的设备条件(非空调或新型空调)、普快和定员核收。

②使用25B型客车开行旅游专列时，票价执行非空调列车票价。

③计算旅游列车票价，定员是按列车不同席别、座别、铺别标记定员总数(车辆标记定员不足32人的按32人计算)的90%分别计算，小数进整处理。硬卧成组后，剩余一张按中铺计算，剩余二张按上下铺计算。软卧成组(上下铺)后，剩余一张按上铺计算。

④使用宿营车内铺位时，按实际使用铺位计算票价。

⑤使用豪华车辆(每辆车定员不足20人)的另核收服务费。

⑥旅游列车实际运行技术标准高于普快时，加快票价等级按实际运行技术标准等级执行。

⑦使用25B型客车开行旅游列车时，每年夏季(6月1日—9月30日)、冬季[12月1日—(次年)2月20日]应使用空调，其他日期如使用空调由开行调度命令明确。使用空调时，核收空调费。

⑧旅游列车编挂一辆餐车时，不核收使用费、停留费；超过一辆时，对超过部分核收相应等级硬卧车标记定员票价。

⑨普速旅客列车开行旅游列车除享受标记定员90%优惠外，不再同时享受其他任何形式的票价优惠。

(3)使用费

旅游列车编挂娱乐车、会议车时，均按相应等级硬卧车标记定员票价核收使用费。

(4)停留费

旅游列车中途站停留24小时、折返站停留48小时以内的，免收停留费。超过上述时限的，自超过时起，不足12小时的，按半日核收停留费，超过12小时但不超过24小时的，按1日核收停留费。

(5)保险费

上铁国旅申请开行的旅游列车应按实际旅客数量购买保险。

(6)其他

旅游列车在始发站发车前、途中站停留时和终到站停车后，因调用车辆产生空驶的，不收取空驶费。

旅游列车开行命令下达后3日内，上铁国旅应至始发站办理运输费用支付手续。支付运输费用后旅游列车不得再申请取消开行。

3. 票据使用管理

(1)旅游列车运输费用由始发站使用一张代用票次收清，其他站车不再另外收取相关运输费用。始发站应将代用票交上铁国旅。上铁国旅应另复印一张交折返站。

(2)始发站填写代用票时，经由栏必须按列车实际经由填写。

(3)始发站应按旅游列车标记定员数(包括宿营车实际使用铺位数量)发放团体旅客证。团体旅客证随代用票使用有效，并在代用票记事栏中载明团体旅客证的起止号。

(4)团体旅客证仅为乘坐本趟旅游列车的凭证，不能凭团体旅客证办理改签、变径或退票手续。

(5)旅客中途下车中止旅行的，团体旅客证失效；恢复旅行时，应当另行购票。但因铁路责任造成的除外。

【例3-6】 连云港市某厂向连云港站提出包用YW车一辆，乘车人数成人55名，儿童8名(年龄均在6周岁至14周岁之间)，要求20××年6月1日挂K748次列车(新空车)。要求在济南站停留，并于6月3日从济南站换乘前往北京。经有关部门同意，客调命令为20××年6月1日从连云港东站调新空YW车一辆，车号6××××，定员60人，6月1日挂K748次列车尾部。K748次列车6月2日5:44到达济南站，6月3日23:03济南站挂K46次列车(新空车)到达北京，包用车辆到达后按原径路送回，连云港站应如何办理？(写出理论依据、计算过程并填制票据)

解：《铁路客运运价规则》规定，包车按客车种别、定员核收全价客票票价。成人与儿童混乘一辆车，人数不足时，按定员核收全价客票票价；实际乘车人数超过定员时，对超过人数按实际分别核收全价或半价客票票价。包用的车辆，根据包车人提出的全程路程单，对要求在发站、中途站、折返站停留(因换挂接续列车除外)，按标准核收包车停留费，在停留当日不足12小时的减半核收。包用的车辆，自车辆所在站向乘车(装运)站空送时起至回送至车辆原所在站止，产生空驶时，对空驶区段(里程按最短径路并采取通算)，不分车种，每车每千米核收3.458元的空驶费，但棚车不核收空驶费。

连云港—北京 1 004千米

连云港东—连云港 20千米

定员：上铺、中铺、下铺各20人，儿童3名

连云港—北京票价：(222.5＋230.5＋237.5)×20＋64.5×3＝14 003.50(元)

停留费:2×1 800=3 600.00(元)

空驶费:(20+1 024)×3.458=3 610.152≈3 610.20(元)

合计:21 213.70 元

填写代用票,如图 3-23 所示。

A000000

上海局集团公司

代 用 票

事由	包车

20××年 6 月 1 日 乙(旅客)

A000000

原票	种别	日期	年 月 日	座别	
		号码		经由	
		发站		票价	
		到站		记事	

自 连云港 站至 北京 站	经由	徐、济
	全程	1 004 千米

加收	至	间	票价	
补收	至	间	票价	
限乘当日第 K748/K46 次列车			客票票价	14 003.50
于 6 月 4 日 到达有效			票价	
座别	人	数	卧票价	
硬	全价	陆拾	停留费	3 600.00
	半价	—	空驶费	3 610.20
	儿童	叁	合 计	21 213.70

记事:"新",YW6×××定员60,济南站停留2天,费用合计:贰万壹仟贰佰壹拾叁元柒角。团体旅证A00001-A00063。

京 ________ 段第 ________ 次列车列车长 ________ 印

连云港 站售票员 ________ 印

注意事项 ①核收票价与剪断线不符时,按无效处理(不足拾元的除外,超过万元的保留最高额)。
②撕角、补贴、涂改即做无效。

A000000

图 3-23 代用票(例 3-6)

【例 3-7】 根据调度命令 10011＃，批准上铁国旅开行旅游专列由上海开往桂林北的 Y331/Y332 次(经由南京、贵溪、株洲，衡柳线)，20××年 10 月 11 日上海开 Y331 次列车，10 月 13 日 7:50 到达桂林北，10 月 19 日 15:25 返程 Y332 次列车，10 月 20 日 23:05 到达上海站，编组新型空调车 KD1、YW8(66)、CA2、RW6(32)、YW1(宿)，上海站应如何办理？(写出理论依据、计算过程并填制票据)

解：《上海铁路局旅游列车管理办法》规定，旅游列车单程里程通算计算票价。旅游列车票价按相应的设备条件(非空调或新型空调)、普快和定员核收。旅游列车编挂一辆餐车时，不核收使用费、停留费，超过一辆时，对超过部分核收相应等级硬卧车标记定员票价。旅游列车按列车不同席别、座别、铺别标记定员总数(车辆标记定员不足 32 人的按 32 人计算)的 90％分别计算，小数进整处理。硬卧成组后，剩余一张按中铺计算，剩余二张按上下铺计算。软卧成组(上下铺)后，剩余一张按上铺计算。使用宿营车内铺位时，按实际使用铺位计算票价。单程里程通算计算票价，不收取空驶费。不从原径路返回时，原则上折返站(办理上下车业务)应为最远一个停车站。旅游列车中途站停留 24 小时、折返站停留 48 小时以内的，免收停留费，超过上述时限的，自超过时起，不足 12 小时的，按半日核收停留费，超过 12 小时但不超过 24 小时的，按 1 日核收停留费。上铁国旅申请开行的旅游列车应按实际旅客数量购买保险。

上海—桂林北 1 918 千米

硬卧定员：66 人×8×0.9≈476 人，计 158 组余 2(上下铺各一)

软卧定员：32 人×6×0.9≈173 人，计 86 组余 1(上铺)

单程新空硬座客快卧(上中下铺)票价：(344＋357＋371)×158＋344＋371＝170 091.00(元)

单程新空软座客快卧(上下铺)票价：(559＋585)×86＋559＝98 943.00(元)

往返票价：269 034×2＝538 068.00(元)

餐车使用费：(344＋357＋371)×22×2＝47 168.00(元)

4.5 天停留费：(1 800×14)×4.5＝113 400.00(元)

合计：698 636.00 元

另收乘意险：(528＋192)×3＝2 160.00(元)

填写代用票，如图 3-24 所示。

A000000　　上海局集团公司

代 用 票

事由	旅游列车

20××年10月11日　乙（旅客）

A000000

原票	种别	日期	年　月　日	座别	
		号码		经由	
		发站		票价	
		到站		记事	

自　上海　站至　桂林北　站		经由　宁、芜、贵、株、衡	
		全程　1 918　千米	
加收　至　间　票价			
补收　至　间　票价			
限乘当日第　Y331/Y332　次列车		客票票价	538 068.00
于　10月29日　到达有效		快票价	
座别	人　数	卧票价	
硬	全价　陆佰肆拾玖	停留费	113 400.00
	半价　—	餐车使用费	47 168.00
	儿童　柒拾壹	合　计	698 636.00

记事	“新”，YW定员66人8辆、RW定员32人6辆、CA2辆、桂林北站停留4.5天，费用合计：陆拾玖万捌仟陆佰叁拾陆元。团体旅客证A00001－A00720。

京 ________ 段第 ________ 次列车列车长 ________________ 印

上海　站售票员 ________________ 印

拾元：9 8 7 6 5 4 3 2 1

佰元：9 8 7 6 5 4 3 2 1

仟元：9 8 7 6 5 4 3 2 1

注意事项　①核收票价与剪断线不符时，按无效处理（不足拾元的除外，超过万元的保留最高额）。②撕角、补贴、涂改即做无效。

A000000

图 3-24　代用票(例 3-7)

第五节 行李运输

行李是凭有效客票托运的一定限度旅行必需品，铁路行李对外经营业务统一由快运公司负责。

一、行李运输合同

1. 铁路行李运输合同是指铁路运输企业与旅客之间明确行李运输权利义务关系的协议。

2. 行李运输合同的凭证是行李票。行李票可采用纸质票、电子票等形式。

3. 行李票主要信息应包含：

(1)承运日期、发站、到站和经由。

(2)乘坐车次、人数、车票号。

(3)旅客姓名、电话、地址。

(4)包装种类、件数、重量。

(5)声明价格。

(6)运费。

(7)运到期限、承运站站名戳及经办人员名章。

(8)铁路运输企业名称。

4. 行李运输合同自铁路运输企业接收行李并填发行李票时起成立，到行李运至到站交付给旅客止履行完毕。

二、行李范围

(一)行李的重量与体积

1. 行李每件的最大重量为 50 千克，外部尺寸长、宽、高之和最大不超过 200 厘米，最小不小于 60 厘米。行李一般随旅客所乘列车运送或提前运送。

2. 行动不便旅客在旅行中使用的轮椅可按行李托运。

(二)行李的托运与承运

1. 旅客凭有效车票和有效身份证件可在乘车区间行李办理站间托运一次行李，办理时需出示车票报销凭证。

2. 每张车票允许托运行李的重量为 50 千克(行李中有轮椅为 75 千克)，超出部分按 2 倍的行李运费计费。

3. 行李托运实行实名制，办理行李托运时，铁路运输企业应核验旅客车票和有效身份证件的一致性，他人代办时还应出示代办人的有效身份证件。铁路运输企业应当依照法律、行政法规和有关规定，对旅客托运的行李进行安全检查。对不配合安全检查的，铁路运输企业有权拒绝承运。

4. 旅客应按约定缴纳运输费用，完整、准确填写托运单。

5. 行李中不得夹带的物品，见表 3-4。

表 3-4　行李中不得夹带的物品

品　　类	具体物品
货币	含各币种的纸币和金属辅币
有价票证	银行卡、储值卡等
档案材料	人事、技术档案，组织关系，户口簿或户籍关系，各种证件、证书、合同、契约等
危险品	铁路运输企业不能判明理化性质的物品按危险品处理
其他	文物；金银珠宝；国家禁止、限制运输物品；妨碍公共卫生和安全的物品；易碎品、流质物品和骨灰

三、行李保价运输

1. 行李分为保价运输和不保价运输，旅客可自主选择。

2. 按保价运输时，可分件声明价格，也可按一批全部件数声明价格。按一批办理时，不得只保其中一部分。

3. 按保价运输的行李核收保价费。保价的行李发生运输变更时，保价费不补不退。旅客在承运后发送前取消托运或因铁路运输企业责任造成的取消托运时，保价费全部退还。行李发生损失并办理赔偿的，保价费不退。

4. 铁路运输企业对按保价运输的行李可以检查其声明价格与实际价格是否相符；如拒绝检查，铁路运输企业可以拒绝按保价运输承运。

四、行李包装要求

行李的包装应当完整牢固，适合运输。其包装的材料和方法应符合国家或铁路运输企业规定的包装要求。包装不符合要求时，旅客应按照相关规定改善包装。旅客拒绝改善包装的，铁路运输企业可以拒绝承运。

五、行李运到期限

1. 行李的运到期限以运价里程计算。从承运日起，行李 600 千米以内为 3 日，超过 600 千米时，每增加 600 千米增加 1 日，不足 600 千米也按 1 日计算。

由于不可抗力等非铁路运输企业责任发生的停留时间加算在运到期限内。

2. 行李超过规定的运到期限运到时，铁路运输企业应按逾期日数及所收行李运费的百分比向旅客支付违约金。行李变更运输时,逾期运到违约金不予支付。

旅客要求支付违约金时,凭行李票在行李到达日起 10 日以内提出。

3. 旅客要求将逾期运到的行李运至新到站时,可分别按下述办理:

(1)行李逾期到达或逾期尚未到达,旅客需继续旅行,凭新购车票及原行李票号要求转运至新到站时,铁路运输企业开具新行李票,免费转运。

(2)行李未到,当时又未超过运到期限,旅客需继续旅行并凭行李票票号及新购车票办理转运新到站的手续,交付运费之后,发现行李逾期到达原到站,由新到站凭原到站开具的客运记录退还已收转运区间运费,保价费不退。

(3)逾期行李办理免费转运的,不再支付违约金。

(4)行李超过运到期限 30 日以上仍未到达时,旅客可以认为行李已灭失而向铁路运输企业提出赔偿。

六、行李到达保管、通知和查询

1. 行李运到后从通知之日起,铁路运输企业免费保管 3 日,逾期到达的行李免费保管 10 日。因铁路运输企业责任和不可抗力等原因导致旅客行李延迟到达时,按延迟日数增加免费保管日数。超过免费保管期限时,按日核收保管费。

2. 行李到达后,铁路运输企业应当及时通知旅客,最晚不得超过到达次日 12 点。旅客询问逾期行李是否到达时,铁路运输企业应及时予以查找。

七、行李装卸、交付

1. 将行李从行包房的收货地点至装上行李车,或从行李车卸下至规定的交付地点,各为一次作业。由发站收取装卸费。

2. 旅客凭本人购票时使用的有效身份证件领取行李。他人代领时凭旅客购票时使用的有效身份证件和代领人有效身份证件领取。

3. 旅客领取行李时,如发现有短少或异状应在领取时及时提出。铁路运输企业应当认真检查、检斤复磅,必要时可会同公安人员开包检查。检查发现有损失时,应编制行包记录交旅客作为要求赔偿的依据。

八、行李变更运输

1. 旅客在办理行李托运手续后,可按如下规定办理一次行李变更手续;办理行李变更的到站、中止站必须是行李办理站:

(1)发站装运前取消托运时,退还全部行李运费,核收保管费。

(2)在发站装运后取消托运时,行李由到站运回发站,已收行李运费不退,补收到站至发站间行李运费。

(3)旅客办理车票变更到站后,在装运前办理行李到站变更时,补收或退还已收行李运费与发站至新到站行李运费的差额。

(4)旅客办理车票变更到站后,在装运后办理行李到站变更时,已收行李运费不退,另补收原到站至新到站的行李运费。

(5)旅客中止旅行后,要求将行李运回旅行中止站时,补收原到站至中止站间的行李运费。

2. 办理变更运输后产生的杂费按实际产生的核收。如应退行李运费低于已产生的杂费时,则不补收杂费也不退还行李运费。但因误售、误购车票时,如果旅客还托运了行李,补收或退还已收行李运费与发站至正当到站间的行李运费差额。

3. 旅客办理变更到站或退票后,未同时办理行李变更手续时,由到站另行收取两倍行李运费。

九、品名不符处理

将禁止、限制运输的物品或危险品夹带运输时,在发站取消托运,在中途站停止运送(在列车上发现危险品交前方停车站),均通知有关部门和旅客处理,已收行李运费不退,按该件全部重量另行加倍补收行李运费,核收保管费。

十、无法交付处理

1. 对无法交付的行李,铁路运输企业应登记造册,妥善保管。国家法律、行政法规规定不能买卖的物品应及时交有关部门处理。

2. 行李从运到日起,90 日以内仍无人领取时,铁路运输企业应进行公布。公布 90 日以后仍无人领取时,铁路运输企业可以变卖。

十一、运行中断安排

1. 对发站已承运的行李应妥善保管,铁路运输企业组织绕道运输时,行李运费不补不退。

2. 旅客在中途站(行李办理站)要求领取时,应退还未运送部分的行李运费。不足起码运费按起码运费退还。对要求运回发站取消托运的,退还全部行李运费。

3. 旅客在发站或中途站办理退票,而托运的行李已运至到站,要求将行李运回发站或中途站,行李运费不补不退。如要求将行李仍运至到站时,需另行支付全程或终止旅行站至到站两倍行李运费。

十二、赔偿责任和免责范围

1. 铁路运输企业应当对承运的行李自接受承运时起到交付时止发生的灭失、短少、污染或者损坏，承担赔偿责任。因下列原因造成的行李损失，铁路运输企业不承担责任：

(1)不可抗力。

(2)物品本身的自然属性或合理损耗。

(3)包装方法或容器不良，从外部观察不能发现时。

(4)旅客违反铁路规章或其他自身的过错。

2. 行李损失赔偿标准。

按保价运输办理的行李全部灭失时按实际损失赔偿，但最高不超过声明价格。部分损失时，按损失部分所占的比例赔偿。分件保价的行李按所灭失该件的实际损失赔偿，最高不超过该件的声明价格。

未按保价运输的行李按实际损失赔偿，但最高连同包装重量每千克不超过 15 元。如由于铁路运输企业故意或重大过失造成的，不受上述赔偿限额的限制，按实际损失赔偿。

行李全部或部分灭失时，退还全部运费。

十三、事故赔偿、索赔时效及纠纷处理

1. 发生行李损失时，车站应会同有关人员编制行包记录交旅客作为要求赔偿的依据。损失赔偿一般应在到站办理，特殊情况也可由发站办理。

2. 发生行李损失，旅客要求赔偿时，应在规定的期限内提出并应附下列材料：

(1)旅客有效身份证件、行李票。

(2)行包记录。

(3)证明物品内容和价格的凭证。

3. 丢失的旅客行李找到后，铁路运输企业应迅速通知旅客领取，撤销赔偿手续，收回赔款。如旅客不同意领取时，按无法交付物品处理。如发现有欺诈行为不肯退回赔款时，可通过法律等手段追索。

4. 铁路运输企业与旅客因合同纠纷产生索赔或互相间要求办理退补费用的有效期为三年。有效期从下列日期起计算：

(1)行李全部损失时为运到期限终了的次日，部分损失时为交付的次日。全批未到的为运到期限期满后的第 31 日。

(2)给铁路造成损失时，为发生事故的次日。

(3)多收或少收运输费用时，为核收该项费用的次日。

(4)责任方自接到赔偿要求书的次日起，一般应于30日以内向赔偿要求人做出答复，应当赔偿的，尽快办理赔偿。多收或少收时应于30日以内退补完毕。

十四、高铁快运

高铁快运是指铁路企业依托但不限于利用动车组列车(含载客列车、确认列车，以及利用客运站车资源开行专门装运快件的高铁快运列车)等快捷运输资源，为客户提供的小件物品全程运送服务。

按高铁快运承运的物品，称为高铁快件，原则上应使用集装容器以集装件的形式在列车上运输。

(一)办理条件

1. 原则上所有列车均允许装运高铁快件。

2. 因运输调整、车辆检修等原因需临时停装、停卸时，由国铁集团或铁路局集团公司按职责下达调度命令调整。

3. 载客列车发生超员预警、报警时，本列停装高铁快件。

4. 遇其他特殊情况的，按上级有关规定执行。

(二)禁止办理范围

1. 法律、行政法规、规章、规范性文件中规定禁止运输的物品。

2. 危险品及铁路运输企业不能判明理化性质的物品。

3. 动物、有异常气味及妨碍公共卫生的物品。

4. 可能损坏或污染车辆的物品。

5. 其他不符合高铁快运装载条件的物品。

(三)集装件办理

高铁快件集装容器包括周转箱、集装包、集装袋、蓄冷箱。

快运公司应根据装车计划，安排工作人员提前将集装件搬运至站台指定位置，准备作业。工作人员应统一着装、佩戴作业证。

载客列车装卸车作业应执行旅客乘降优先的原则，避免干扰旅客乘降，始发(折返)站应在旅客开始上车前完成装车，列车中途停站应待旅客下车完毕后进行装卸作业。

集装件应装在列车指定位置。载客列车可装在高铁快运柜、大件行李存放处、二等座车车厢最后一排座椅后空当处等位置。确认列车可装在二等座车车厢座椅间空当处。部分方向列车运能不足时，快运公司可与铁路局集团公司协商，利用动卧列车预留包厢、二等座车预留车厢等装载集装件。单节车厢装载的集装件总重量不得超过列车允许载重量(载客列车、确认列车为二等座车车厢标记定员乘以80千克)。

集装件原则上不得码放在座椅、铺位上，特殊情况下需码放时，应采取有效防护措施，不得污损座椅、铺位。

载客列车集装件装载要考虑旅客旅行需求，载客车厢内大件行李存放处和最后一排座椅后空当处应预留不少于 1/3 的空间供旅客使用；集装件放置在最后一排座椅后空当处时，不得影响座椅靠背后倾和途中调向作业。

集装件装载应稳固牢靠，码放整齐，不得堵塞通道，不得偏载、偏重。

车站内使用的平板推车等专用机具应具备止轮装置，符合常态制动要求，配备作业单位标识，实行编号管理，采取防滑、防溜、防撞的措施，经指定通道进出站台，在指定位置存放。

在组织批量高铁快件运输时，具备条件的车站可使用电动车等机动运载工具，管理措施由车站制定，并报铁路局集团公司客运部备案。

集装件应采取必要捆绑措施，堆码宽度不超过搬运机具外侧边缘 20 厘米，堆码高度不超过装载面 150 厘米，确保视线良好、集装件不倒塌。

站车工作人员发现非快运公司作业人员搬运集装件进出车站、列车时，应予以制止。

利用载客列车、确认列车装载高铁快件的，快运公司作业完毕后应清理现场，确保无杂物、无垃圾、无遗留物品。

第六节 台账管理

客运系统车间、班组台账是指需日常填记，且需要保存一定时限的业务报表、交接凭证、作业记录，或记录管理过程、提供查阅分析的账簿，主要包括基础管理类、客运生产类的相关台账。车间、班组资料是指本部门组织机构、人员、设施设备等基础情况，规章文电、管理制度、规定、措施、作业指导书、岗位职责等业务资料，以及重点目标管理单位的重点部位平面图等其他档案资料。

台账资料的形式包括纸质、电子和信息平台。

一、台账编号

铁路局集团公司客运部负责对客运系统车间、班组台账实施编号管理，编号包含层级号、类别号、序列号。层级号中，国铁集团规定设置的客运车间、班组台账层级号为“GTKY”；类别号中，基础管理类为“gl”、客运生产类为“sc”；序列号 01～99 在本类别中顺序排列，如图 3-25 所示。

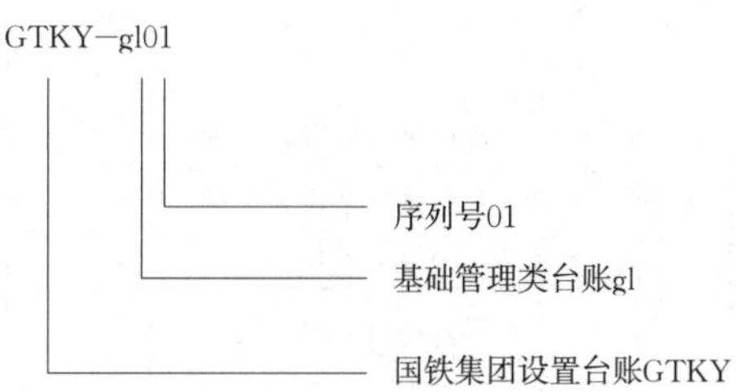

图 3-25 国铁集团台账编号

铁路局集团公司及站段自行设置的台账，编号由铁路局集团公司客运部确定。

二、台账配备

1. 现场作业岗位只保留与本岗位安全、生产、服务直接相关的必要台账和票据资料。

2. 基础管理类，以及运输生产类中与旅客安全、生产和服务无直接关系的台账应在车间设置。部分车站（车务段）异地班组可在班组设置。

3. 车站安全消防台账按每个客运站设置，直属站可上移至相关科室设置。

4. 现场作业岗位配备资料应利用岗位办公电脑或手持终端配备存储。

客运车站车间、班组台账清单见表 3-5。

表 3-5 客运车站车间、班组台账清单

台账分类		台账名称	序列号	车间			班组			设置形式	有效期	管理部门
类别	编号			客运	售票	行包	客运	售票	行包			
基础管理	gl	内部管理考核（名称可自定）	××	√	√	√	—	—	—	形式自定	长期	客运部
		委外业务管理考核（名称可自定）	××	√	√	√	—	—	—	形式自定	长期	客运部
		车站（车间）会议记录（名称可自定）	××	√	√	√	—	—	—	形式自定	长期	客运部
		车间应急演练记录（名称可自定）	××	√	√	√	—	—	—	形式自定	长期	—
		车间培训记录（名称可自定）	××	√	√	√	—	—	—	形式自定	长期	—
		班组学习、会议记录（名称可自定）	××	—	—	—	√	√	√	形式自定	长期	—
客运生产	sc	车站消防安全台账	××	按车站设置						形式自定	长期	—
		铁路安全检查台账	××	—	—	—	√	—	√	形式自定	长期	客运部
		施工人员进出站管理台账（名称可自定）	××	√	—	—	—	—	—	形式自定	长期	—
		行包事故案卷	××	—	—	√	—	—	—	全路系统/纸质	长期	客运部
		特殊重点旅客交接簿	××	—	—	—	√	—	—	纸质	长期	客运部
		客服系统及设备设施故障登记（名称可自定）	××	√	√	√	—	—	—	形式自定	长期	—
		订票合同户登记簿	××	—	—	—	—	√	—	形式自定	长期	客运部

续上表

台账分类		台账名称	序列号	车间			班组			设置形式	有效期	管理部门
类别	编号			客运	售票	行包	客运	售票	行包			
客运生产	sc	团体用票申报单	××	—	—	—	—	√	—	形式自定	长期	客运部
		调度命令登记簿	××	√	√	√	—	—	—	形式自定	长期	客运部
		客运管理信息系统	××	√	—	—	√	—	—	全路系统	长期	客运部
		班组工作日志	××	—	—	—	√	√	√	形式自定	长期	客运部
		动车组列车应急饮食品交接单	××	√	—	—	—	—	—	纸质	长期	客运部
		现场巡查记录（名称可自定）	××	√	√	√	—	—	—	形式自定	长期	客运部
		客运记录	××	—	—	—	√	√	√	全路系统/纸质	长期	客运部
		铁路传真电报	××	—	—	—	√	√	√	全路系统/纸质	长期	客运部
		行包运输管理信息系统	××	—	—	√	—	—	—	全路系统	长期	客运部
		铁路包裹运输押运人员登记簿	××	—	—	—	—	—	√	纸质	长期	客运部
		红十字药品药械使用登记	××	—	—	—	√	—	—	形式自定	长期	劳卫部 客运部

三、台账资料填记

(一)客运记录

客运记录指在旅客或行李运输过程中因特殊情况，铁路运输企业与旅客之间需记载某种事项或车站与列车之间办理业务交接的纸质或电子凭证。

1. 编写基本要求

(1)据实填写，事项齐全。编写的客运记录应内容准确、具体、详细、齐全、完整，如实映情况，不得虚构、假想、臆测。如涉及旅客车票时，应有发到站、票号；涉及行李、包裹票时，除应有发到站、票号外，还应有旅客、发(收)货人姓名、单位、物品品名、数量、重量等，不得漏项。

(2)简要写明记录事由，即为什么要编写此记录，如“移交遗失物品”等。

(3)记录第一行应明确写出抬头，即交接时接收方的官方称谓，如“G××次列车”等。

(4)记录内容应精练,层次清楚,述事完整,目的明确。语言简练,书写清楚,不得潦草,不写自造简化字。

(5)记录词句应本着实事求是的原则。做到具体、准确,不应凭猜想,出现可能或似是而非、含糊不清的词句。

(6)涉及的数据、名称、单位、姓名、性别、年龄、发到站、座别时间,伤势状态、程度应尽量准确。

(7)涉及退票款内容应记录原票种类、发到站、票号、座别、铺别、后补票号及应退票价(票号字头应抄全)。

(8)涉及移交车票时应记录票种票号。

(9)涉及移交物品时应记录名称、数量、款额、证件名称。

(10)记录内容要符合铁路的规章制度。词句不应出现命令、质问、强制性以及不尊重站方的语句。

(11)移交旅客遗失物品时,在能判明旅客下车站时应注明旅客的下车站。

(12)移交人员附带材料、人民币(金额大写)、物品(数量大写)、证件、档案材料时,一定要在记录上注明。

(13)凡是手工填写交接的记录一定要接收人签字。

(14)客运记录应按顺序编号使用,不得断号,更换客运记录时按原记录接续编号,并加盖编制人名章。客运记录一式两份,一份交接收人,另一份由接收人签字后自己留存。对留存的应装订成册,妥善保管,以备存查。客运记录保管期限为1年。

2. 车站编写交接事项的记录

当发生以下情形之一时,由车站编写客运记录:

(1)发生误售、误购车票,在中途站、原票到站应退还票价时。

(2)将旅客遗失物品向查找站转送时。

(3)旅客在车站发生意外伤害时。

(4)车站向铁路局集团公司收入部门寄送因违章乘车所查扣的铁路乘车票证时。

(5)行李、包裹票货分离,需补送行李、包裹或票据时。

(6)行李、包裹票货分离,部分按时到达交付,部分逾期时。

(7)行李、包裹装运后,旅客或托运人要求运回发站取消托运时。

(8)行包所在站接到行包变更运输的电报时。

(9)车站发现伪报品名的行李、包裹损坏其他行李、包裹时。

(10)在中途站、原票到站处理因误售、误购车票而误运的行李时。

(11)在发站或中途站,行李、包裹发生事故或需要说明物品现状时。

(12)行李未到,办理转运手续后,逾期到达时。

(13)其他情况需要编制时。

(二)铁路电报

铁路电报是铁路部门之间处理紧急公务的通信工具,铁路列车部分电报已实现电子形式拍发。但列车拍发纸质铁路电报时一般需要用站车交接的方式交由有电报所的车站代为拍发,列车不能直接拍发纸质铁路电报。

1. 车站拍发铁路电报的范围

当车站遇有下列情况时,应拍发铁路电报:

(1)线路中断列车停止运行后,向上级汇报时。

(2)因发生意外伤害,导致旅客重伤或死亡时。

(3)发生票货分离、票货不符,需查找下落时。

(4)发生票货分离、顶件运输,需声明纠正时。

(5)行李、包裹装运后,旅客要求变更到站时。

(6)行李、包裹装运后,旅客要求运回发站取消托运时。

(7)中途站发现行李、包裹中有国家禁止或限制运输的物品和危险品时。

(8)到站发现伪报一般货物品名时。

(9)到站发现重量不符,补收运费差额后,拍发铁路电报通知发站和主管铁路局集团公司收入部门时。

(10)到站发现重量不符,退还运费差额后,拍发铁路电报通知发站和主管收入部门时。

(11)站车对装卸的行李、包裹,因故未办理交接手续时。

(12)到站查询逾期未到的行李、包裹时。

(13)车站对查询逾期行李、包裹电报的复电。

(14)其他需要拍发铁路电报事项。

2. 铁路电报的拟稿要求

(1)主送单位。铁路电报的主送单位应为电文所列事项的具体受理单位或主办单位(不论单位大小,主要受理单位排列最前位)。

(2)抄送单位。铁路电报的抄送单位应为电文所列事项须知晓、协助办理、督促、备案、仲裁的上级部门和涉及的有关单位(一般先上级后下级依次排列,担当段排列最后)。

3. 拟编电文应掌握的方法

(1)电文应以报告、汇报的形式写出,禁止使用命令、指责、指示、质问的词句。

(2)电文的语句应本着实事求是的原则。做到具体准确,不应凭猜想,不使用似是而非、含糊不清的语言。电文的数据、百分比、术语名称、尺寸、病情、伤势、姓名、性别、单位、年龄、时间、区间、站名应当尽量准确。

(3)电文的语句,不应出现自我推断的语言,特别是关系到事件的性质、责任的不可妄下结论。

(4)发收报单位名称应准确,不应出现错误或根本不存在某一单位的现象。

(5)电文叙述要简练,层次、顺序清楚,目的明确。

(6)对出现突发情况,由于时间紧张、情况复杂、条件限制,一时无法做到完全准确,应在电文中声明“详情正在调查,特此报告”字样。

4. 拍发铁路电报的注意事项

(1)拍发铁路电报必须使用铁路电报纸或在指定的系统使用终端设备上拍发。客运管理信息系统已实现了客运电报拍发、签收、查询、汇总、分析等功能。

(2)编拟铁路电报稿应使用规定的文字、符号、记号(汉字及标点符号,汉语拼音字母,阿拉伯数字,规定有电报符号的记号和能用标准电码本译成四码的记号、字母),收电单位明确,电文通顺,文字力求简练,标点符号完整,字体清晰,并在原稿上填写拟稿人姓名和电话号码。

(3)电报稿左上角应有收、抄报单位,右下角有发报单位本部门电报编号、日期,并应加盖公章、名章或签字。

(三)其他台账资料

其他台账资料,如“车站消防安全台账”“调度命令登记簿”“班组工作日志”“客服系统及设备设施故障登记”等台账,以纸质或电子台账的形式进行填记。

第七节 系统运用

信息系统多以智能化为特征,有利于精细化管控的实现,对深化运输组织改革、提升客运服务质量、提高生产效率,实现客运现代化起到支撑和引领作用。

一、移动作业终端

(一)对 讲 机

对讲机用于运输生产作业联系,记录客运作业关键事项的交接、呼叫等,作业时须处于常开状态,真实反映现场作业通信情况,便于事后分析调查。

1. 对讲机配备。客运对讲机应按岗位使用要求配备,原则上做到人手一机、交班使用、自行充电、专用专管。每一台客运对讲机按一机两块电池配置。客运对讲机和耳麦纳入客运备品管理。

2. 对讲机频道(率)设置,见表 3-6。

表 3-6 对讲机频道(率)设置

频道	频率	使用部门(人员)	守候频道(率)
1	457.700 兆赫	普速旅客列车司机、车辆乘务员	普速旅客列车司机、车辆乘务员
2	457.950 兆赫	列车员(长)、乘警(长)	列车员(长)、乘警(长)
3	457.725 兆赫	车站客运人员	车站客运人员
4	467.200 兆赫	动车组列车司机、随车机械师	动车组列车司机、随车机械师
5	无线列调系统 f4 同频单工频率	司机、站台客运值班员、列车长	—

3. 呼叫规定。

客运对讲机用于运输生产作业联系,对讲机使用过程中,应正确调整至常用(守候)频道,严禁随意更换频道,通话使用时,应规范用语、言简意赅,不得利用对讲机闲聊或联系与工作无关的事,避免长时间占用频道。

车站客运人员需主叫列车员(长)、乘警(长)时,转换到 2 频道(457.950 兆赫);需主叫普速旅客列车司机、车辆乘务员时,转换到 1 频道(457.700 兆赫);需主叫动车组列车司机、随车机械师时,转换到 4 频道(467.200 兆赫)。

站车间有关工作人员需通话时,由主叫方转换对讲机频道至被叫方守候频道建立通信,通话结束后,主叫方及时调回原守候频道。

备用(应急)通信方式。在装备 450 兆赫频段无线调度通信系统的区段,列车长和车站客运值班员在使用规定的频率与列车司机二次呼叫无应答时,允许使用该区段(站)无线列调系统 f4 同频单工频率呼叫列车司机。

4. 呼叫用语。

(1)检票作业联控用语:车次开始检票前,检票口工作人员与站台作业人员之间联控,以及重点事项交接。

检票作业人员:“××站台,××次列车开始检票作业”。

站台作业人员:“××站台,××次列车开始检票作业,××站台收到(明白)”。

(2)站台作业联控:站台作业人员与出站口作业人员、上水吸污作业人员、列车长联控。

站台作业人员:“××出口处,××次列车到站”。

出口处作业人员:“××出口处收到(明白)”。

(3)遇非正常情况下需要临时紧急停车时联控用语:站台客运人员可调至司机频道。

站台作业人员:“××次列车司机,请立即停车。××站客运值班员(客运员)报告”。

司机:“××次列车司机明白”。

(二)音视频记录仪

音视频记录仪主要在站车交接、给水作业(可使用摄录手电代替)、网格化巡视、安检开包检查、行包装卸车及异常情况记录、遗失物品查找、处理及交付、应急处置、处理旅客投诉、旅客失信行为、旅客伤害取证、设备检查等情景开启使用。

1. 使用规范

音视频记录仪应统一编号管理,纳入岗位交接。交接班时应认真检查设备状态,确保设备状态良好。

接班时应对音视频记录仪时间进行校正,保证与北京时间同步。当班使用过程中,应保证电量充足。

根据各岗位制服样式、设备大小、摄录角度,统一岗位作业人员音视频记录仪的佩戴位置原则上为左胸部或左肩部有利于取得最佳拍摄效果的适当位置,作业中全过程牢固佩戴。使用时应穿着制服,确保记录内容清晰、完整。

作业人员应熟练地掌握音视频记录仪的使用方法和技巧,在使用过程中应注意方式方法,避免因使用音视频记录仪不当引发旅客投诉。

音视频记录仪作业中应处于待机状态(开机关屏模式),需使用时,应快速启动录像,客观真实、完整全面地记录整个事件过程。

禁止使用音视频记录仪拍摄与工作无关的内容。

2. 数据存储

涉及站车安全、站车交接分歧、旅客纠纷、旅客失信行为、旅客伤害或关系旅客和工作人员权益等情况的音视频记录应及时复制到相关专用的存储设备,单独保存。

(1)对涉及站车安全、站车交接分歧、旅客投诉的,音视频内容保存期限一般应不少于180天。

(2)对涉旅客失信行为、旅客伤害或关系旅客和工作人员权益的,音视频内容保存期限一般应不少于5年。

(3)对涉及疑难复杂事件,与旅客之间存在争议且短时期无法确定结果的、可能引发涉法信访案件等的,保存期限为永久。

(4)加强职工的宣传教育,严格管理,禁止任何无关人员转录、复制、外传、删除音视频记录仪摄录的音视频资料,禁止将音视频记录仪接入与互联网相连的计算机。

(5)音视频记录仪视频资料不得擅自对外提供,当事人(单位)或者其他铁路以外单位要求调阅、复制记录信息的,依法应予以提供时,由对方单位出具书面材料,履行批准程序,报站段主要领导同意。

(6)对重要音视频资料应做好备份储存,避免单一存储设备故障导致资料丢失。

二、客运服务系统

客运服务系统(以下简称客服系统),为客运组织管理提供有效支撑,包括旅客服务信息系统(以下简称旅服系统)、旅客服务与生产管控平台(以下简称管控平台)、自动售检票系统(AFC)。

(一)旅客服务信息系统

旅服系统包括集成管理平台和综合显示、客运广播、监控、求助、时钟、查询等子系统。通过集成平台对各子系统进行集成管理,并与铁路运输调度管理系统、铁路客票发售和预订系统连接,完成对车站旅客服务系统各功能模块的业务综合处理,实现旅客服务信息共享和功能联动。

集成管理平台将车站的列车到发数据通过业务模板生成,适用于本站客运服务的客运计划,由集成平台系统根据客运计划中的到发时刻和各种人工触发信号自动执行相关的广播、导向、监控和自动检票等业务。对于列车晚点、股道变更、候车室变更,以及检票口变更等特殊情况,则采取人工干预的方法,变自动模式为手动模式执行相关的作业。监控功能则可随时了解站内的公共秩序情况,以确保客运站生产作业的正常顺利进行。

1. 到发管理

通过图形化的调度、客运计划界面,操作员可以对列车的到点、发点、股道信息的进行调整和发布,可以发布预告、车底到、到达、发车信号,可以对列车的候车室信息、检票口、出站口、闸机信息、开检时间、停检时间、编组信息、屏中列车状态信息进行调整和发布,也可以发布开检、停检信号,如图 3-26 所示。

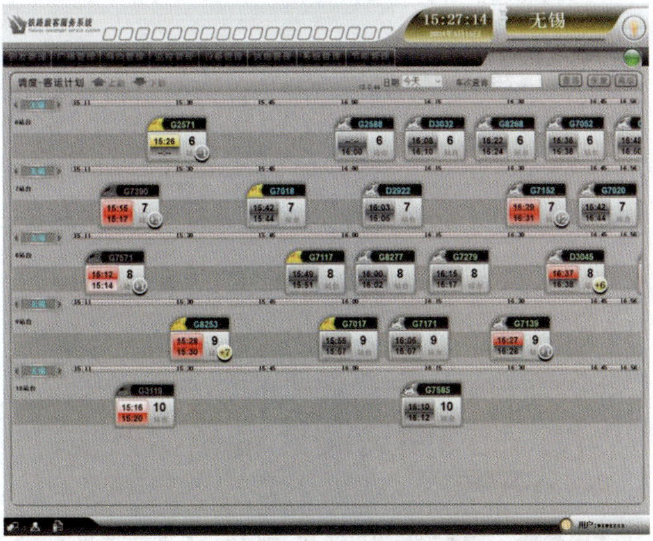

图 3-26 到发管理

(1)调度计划

调度计划模块提供了列车的发点、到点时间的调整功能,同时提供预告、车底到、临站开出、列车停稳等信号的触发来实现相应车次的广播业务和导向业务的自动执行,如图 3-27 所示。

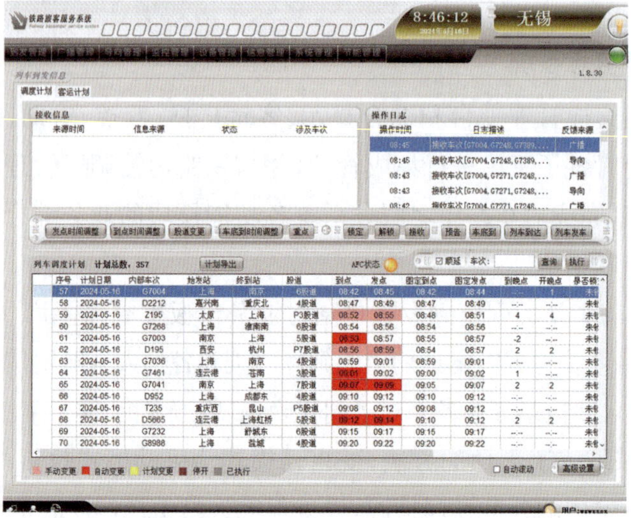

图 3-27　调度计划

(2)客运计划

客运计划模块提供了客运组织业务调整的功能,包括客运组织计划的调整和客运组织信号的调整。客运组织计划的调整包括进站检票时间变更、候车室检票口变更、编组变更;客运组织信号的调整包括进站立即开检、进站立即停检等,如图 3-28 所示。

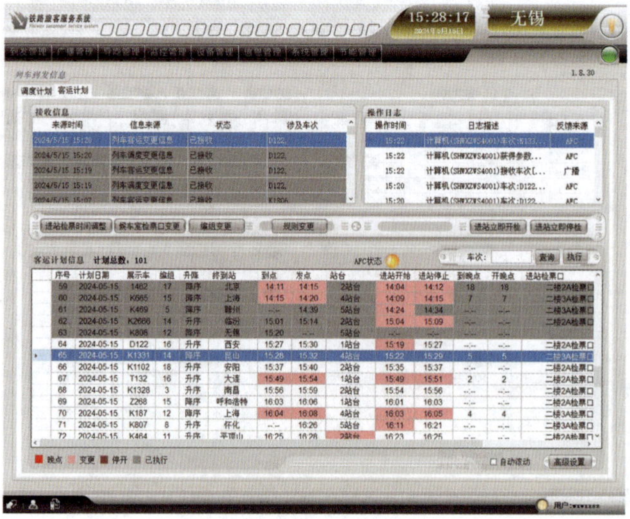

图 3-28　客运计划

2. 广播管理

广播管理是对广播日常工作的应用及功能维护，功能模块包括广播分区、广播专题维护、人工广播、音量调节，如图 3-29 所示。

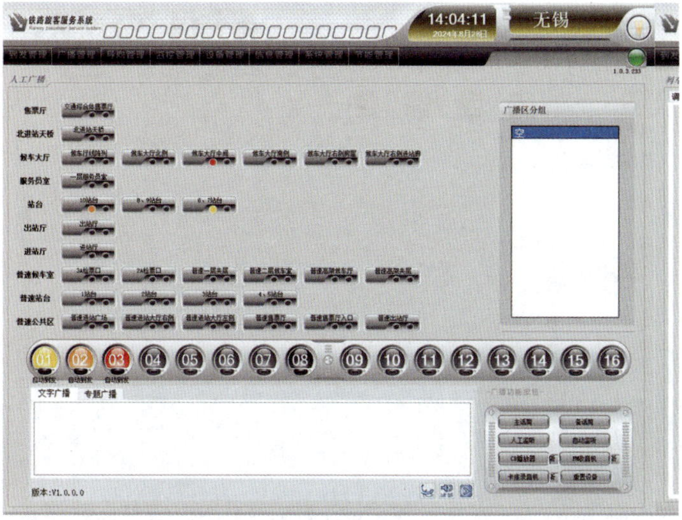

图 3-29 广播管理

3. 导向管理

所有需要通过导向揭示设备显示的图片、视频等素材必须先导入指定的素材库，而且必须经过审批后方能导入库中，如图 3-30 所示。

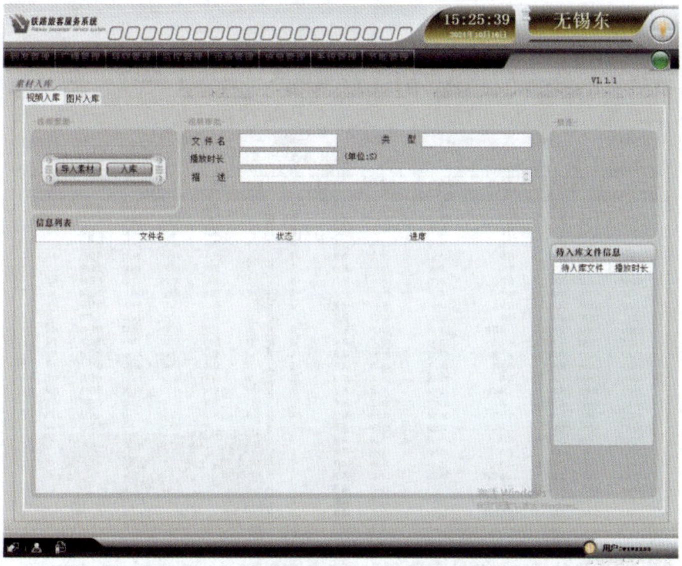

图 3-30 导向管理

4. 设备管理

设备管理主要用来查看查询设备状态，检查查询设备运行是否正常。当需要查看查询设备时可以通过图 3-31 界面查看。

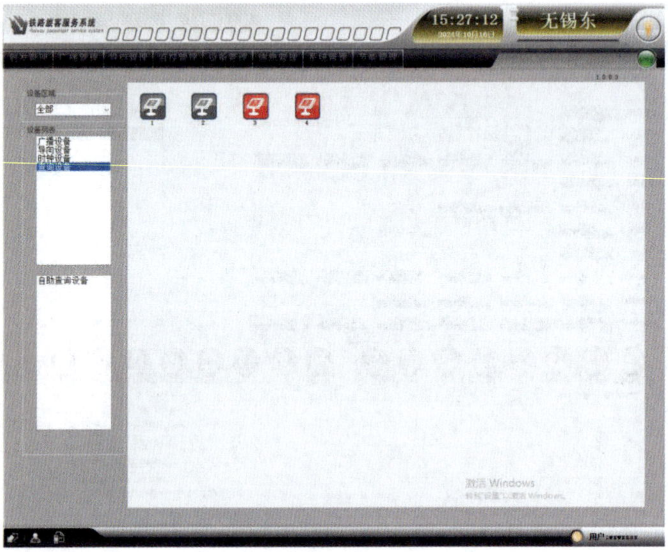

图 3-31　设备管理

5. 信息管理

用户针对业务需要对相关信息的查询，能及时、快捷、准确的获取信息，包括列车信息查询、余票信息查询、到发通告等业务，如图 3-32 所示。

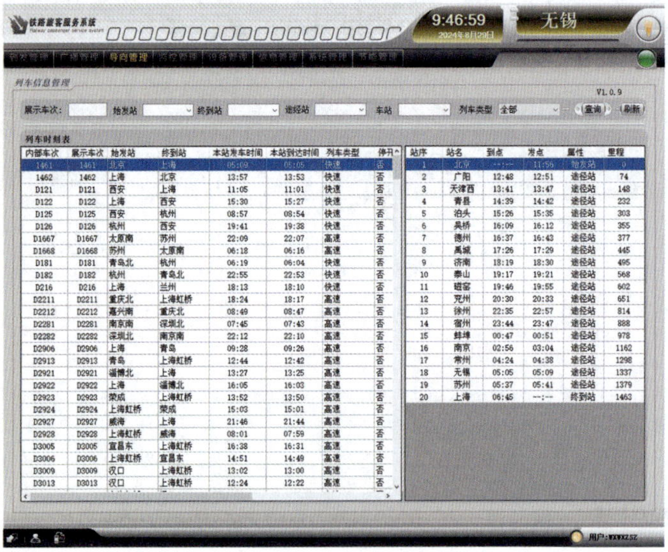

图 3-32　信息管理

6. 系统管理

车站基础信息维护包括车站名称维护、车站区域信息维护、区域与屏维护、区域与广播设备维护、候车室与检票口维护、股道与站台维护。

基础信息维护界面的主要功能是维护车站的基础信息，包括车站的站名、车站的区域信息、车站各个区域和显示屏的对应关系、车站各个区域与广播回路的对应关系、候车室和检票口的对应关系，以及股道和站台的对应关系，如图 3-33 所示。

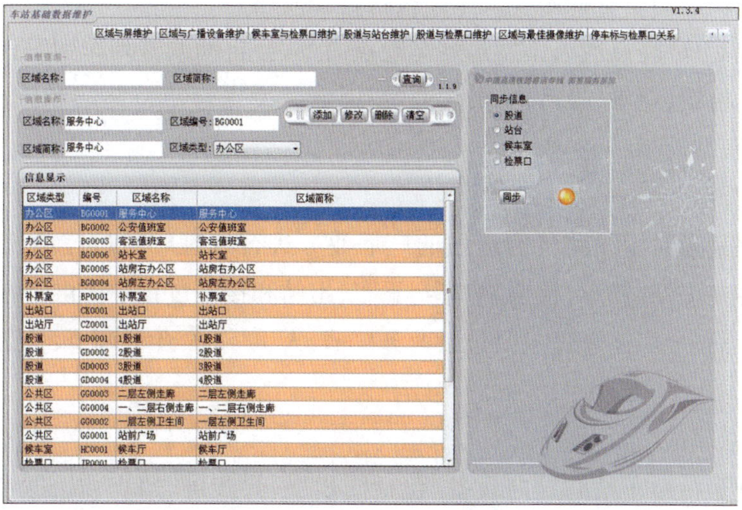

图 3-33　基础信息维护界面

(二)旅客服务与生产管控平台

管控平台结合客运站车的智能化发展需求和新技术与业务的深度融合，实现对硬件资源进行统一管理、对外部数据接口统一规范，为站车旅客服务、生产组织、安全应急和绿色节能四个方面的相关应用提供支撑。管控平台分客站应用和客运段应用两部分。客站管控平台应用分为 CS 控制终端、BS 管理终端及手持作业终端三部分。

1. 管控平台功能

管控平台自动接入铁路运输调度平台日计划、调度命令、阶段计划以及 CTC 压轨信号，综合集成旅服系统、客运管理系统、生产指挥、设备监控系统和应急管理系统等子系统。集成和共享调度、客票、客服、车辆、综合视频监控、车站建筑设备监控等客运相关数据，整合站车旅客服务与客运生产业务，实现站车客运作业统一指挥和智能联控。

2. CS 控制终端应用

(1)到发管理

①到发计划。到发计划适用于站控或车站授权自控使用。操作员可以对列车的到发计划进行调整和发布，包括到点、发点、股道信息、列车到达、列车离站、进站检票时间

变更、候车室检票口变更、编组变更、进站立即开检、进站立即停检等。

②图形化到发(普速和应急用)。图形化到发计划界面是图形化的到发计划界面,包括按钮区和信息显示区。操作员可以根据操作习惯直观地对各车站列车的到点、发点、股道、检票口等信息进行调整和管控。

(2)生产指挥

生产指挥管理界面作为系统主界面,集成了广播、引导、检票、上水、吸污、人员作业等计划。此模块适用于管控站控或车站授权自控使用。

系统接到 CTC 晚点或人工发送列车晚点命令,会自动调整列车到发计划,并联动修改广播、引导、检票、上水、吸污、人员作业等计划,并发送至手持终端和旅服系统设备控制器上,实现联动控制。

(3)广播管理

广播管理是指对本线路各客运站的广播业务进行管理。通过广播计划的执行,可以给本站旅客在进站、候车、检票、乘车与下车、出站和接站过程中提供听觉方面的引导。在平台系统页面中,广播管理主要包括业务广播、人工广播、音量调节、参数配置、专题编排、广播模板。

(4)导向管理

导向管理是指对车站的导向设备(包括同步屏、异步屏、PDP 屏)进行管理,包括业务导向、导向配置、异步屏管理、人工导向、多媒体管理、版式编辑、售票窗口屏管理等。

(5)数据接口

①AFC 接口。AFC 接口管理界面包括闸机位置树状显示区、按钮区和闸机信息显示区。AFC 接口管理是录入闸机设备信息,为连通到发与检票系统做准备工作。

②CTC 接口。系统接入铁路局集团公司运输调度集成平台列车运行线路各站 CTC 到发站压轨信号数据,并根据生产指挥作业模型,对列车正晚点信息进行迭代修正,实现客运作业的精准控制,进行解析后展示,在 CTC 展示界面可查询车次实时接受 CTC 的数据,如到晚点信息、股道变更、到发站压轨信号等相关调度数据。

③客票日计划。系统接入客票日计划,根据客票日计划生成本站的到发计划。

三、防穿越入侵报警系统

防穿越入侵报警系统是指通过安装在站台端部的前端入侵探测设备,如图 3-34 所示,对站台端部设定的安全防护区进行实时监测,当有人员侵入时,能进行预警和报警,同时发出预警和报警信息。其由站台端部报警装置、后端处理设备、操作终端及系统软件组成。报警系统对设防区域内非法入侵情况进行实时监控和报警。通过广播喊话向车站有关管理人员发出警报信息,通知车站人员迅速赶赴现场处置。

图 3-34 防穿越入侵报警系统

(一)系统主要功能

1. 安全防护区域设定。支持对站台端部安全防护区域进行划分,区域可划分为安全预警区域和安全报警区域,区域范围可灵活调整。安全防护区域应覆盖站台端部和端部进入股道区域。

2. 布防或撤防。对独立或分组的站台端部报警装置进行布防或撤防,支持操作终端、遥控器等操作方式,布防或撤防时间可参数化设置。

3. 预警和报警。当发现有侵入划定安全防护区域的人员时,能通过语音和文字信息进行自动或人工预警、报警,同时通过站台端部报警装置自动向有作业人员值守的场所发出预警或报警信息,由作业人员进行处置。

4. 视频监控及图像录制。实时记录并存储安全防护区域及站台端部朝向线路侧的视频监控。当发生预警或报警事件时,对进入安全防护区域的人或物进行拍照和视频录制,记录轨迹,为后续分析提供视频图像资料。

5. 脱机运行。网络故障情况下,站台端部报警装置能够脱机运行,正常进行预警和报警提示。

6. 身份自动识别。对进入安全防护区域的人员进行身份识别,自动判断是否持有授权的身份识别证件,有则不触发预警及报警。

7. 语音和文字编辑。报警语音和文字信息内容可灵活编辑、调整。

8. 数据统计分析。支持对预警及报警信息进行统计分析。

9. 设备及系统运行监视。支持对站台端部报警装置运行状态进行远程监视。支持对防穿越系统应用运行监测功能,应用异常时提示工作人员进行快速重启服务。

(二)预警事件处置流程

当发生人员误入预警区域时,现场发出预警提示语音,提醒侵入人员离开,预警事件在平台进行记录,值守人员无须操作处理。

(三)报警事件处置流程

1. 系统值守人员接到防穿越系统报警提示后,应立即查看监控图像或视频回放,判断站台端部现场情况。

2. 发现有人员误入或滞留报警区域时,系统值守人员应立即采取人工远程喊话方式引导侵入人员离开报警区域,通过视频监控观察侵入人员动向。

3. 侵入人员不听警告继续滞留或有穿越站台端部的倾向时,系统值守人员应立即通知站台工作人员。站台工作人员接到通知后,应立即赶赴相应站台端部进行处置,引导侵入人员退出报警区域,按照规定线路出站。

4. 侵入人员不听引导劝阻时,站台工作人员应立即通知车站相关管理人员,由管理人员向车站公安派出所及相关单位通报(报警)。站台工作人员应于处置结束后将信息反馈系统值守人员。

5. 处置结束后,系统值守人员应及时在系统平台中完成信息登记,准确选择报警类型,因侵入人员影响运输秩序的还应完整填写处置结果。

6. 遇侵入人员进入线路股道时,按照《中国铁路上海局集团有限公司非正常行车应急处置办法》中有关内容执行。

(四)系统使用与管理

1. 安全防护区域设置原则。原则上预警区域长度为距离站台端部5～8米,报警区域长度为距离站台端部3～5米,宽度与站台宽度相同,报警区域内原则上不含站台停车标,预(报)警区域内如有柱子等遮挡物可根据现场实际情况调整,现场不具备条件的可不设置预警区域。

2. 预(报)警语音提示设置。预(报)警应设置语音提示,预警语音提示内容为“您即将进入危险区域,请立即离开”。报警语音提示内容为“危险区域,严禁进入”。

3. 预(报)警警示线设置。预警区域及报警区域边界应设置警示线和标识。警示线宽度20厘米,长度根据站台实际情况确定。警示线标识内容为“前方危险禁止入内”。预警线采用黄底黑字,报警线采用橙底黑字,字体为黑体,文字高度10厘米,采用喷涂方式或与车厢位置标同等材质。

4. 布(撤)防原则。防穿越系统原则上应24小时布防。车站可结合岗位作业安排、天窗时段,采取自动或手动操作进行系统撤防,系统撤防可分站场(站台)合理设置,撤防时间不得早于该站台最后一趟列车乘降作业完毕,恢复布防时间不得晚于该站台首趟办客列车检票前 15 分钟。

5. 系统测试。车站应每日安排不少于一次防穿越系统站台端部报警装置现场测试，每日首次测试应在站台首趟办客列车检票作业前完成，测试结果应在后台系统中报警处置情况栏目予以记录，测试发现设备故障时按规定报修维修。

四、客运管理信息系统

中国铁路客运管理信息系统（以下简称客管系统）是由国铁集团负责开发的铁路客运系统日常生产管理信息系统，系统主要有上水管理、直供电信息管理、征信管理、证件管理、安全信息管理、客运电报管理、通讯录管理、站车互查、遗失物品信息管理、客服服务单管理等功能模块，如图 3-35 所示。

客管系统操作软件有电脑操作软件和手机操作软件两种方式。

图 3-35 中国铁路客运管理信息系统界面

（一）安全信息管理 3.0 模块

安全信息管理 3.0 模块是用于录入站车旅客伤害信息。客管系统旅客伤害信息由处理站负责录入，并由发生单位进行审核后提报铁路局集团公司，原则上应在车站完成录入后 3 日内完成。

（二）征信管理模块

征信管理模块是用于录入、查询违章旅客身份信息和违章事例。通过客管系统征信管理模块查询旅客在全路各站车发生的违章行为信息。客管系统征信管理模块中的违章旅客信息由国铁集团负责管理，站段违章信息录入确认后，无权再进行修改或删除。

(三)上水管理模块

上水管理模块主要接受来自上水计划变更的通知,调图时期上水计划的发布、列车应急补水。

(四)客运电报管理模块

客运电报管理模块中的客运记录接收是用于站车间客运记录的交接工作。站车工作人员应根据系统提供模板格式规范编制客运记录并及时接收。客运电报管理分为客运电报签收、客运记录签收等子模块,其中列车超员信息通报管理子模块具有站车列车超员信息的发送和签收、查询等功能。

(五)证件管理模块

证件管理模块是用于国铁集团和各铁路局集团公司对相关客运监察证件的申请、审批和发放管理。通过证件管理模块查询各类客运监督证件信息。

(六)站车互查模块

站车互查模块是用于录入站车单位相互检查发现的问题。

(七)通讯录管理模块

通讯录管理模块内有客运站值班室通讯录、列车长通讯录、客运段派班室通讯录、商务座负责人通讯录等,用于站车查询、联系。

(八)遗失物品信息管理模块

遗失物品信息管理模块包含站段自身对旅客遗失物品的管理、从客服中心流转来的工单管理两类功能,用于站车遗失物品的录入、查询工作。

(九)客服服务单管理 3.0 模块

客服服务单管理 3.0 模块接收来自 12306 客服中心的电子服务工单,包括重点旅客、旅客投诉、寻人服务、建议工单、其他工单、其他求助、表扬工单、遗失物品、铁路畅行等。客服中心根据工单内容判断责任单位,把工单流转到站段,站段按电子服务工单内容处置、回复。

1. 重点旅客工单管理

重点旅客工单管理指从客服中心流转来的重点旅客工单管理功能,主要用于办客站对派发的重点旅客服务工单进行签收、查询、服务、反馈。

(1)重点旅客工单查询

通过系统页面左边目录树,选择“客服服务单管理 3.0”目录下的“重点旅客”查询。

(2)重点旅客工单处理

重点旅客工单的受理状态有待签收、待服务、待处理、已完成、已退回五种,根据实际情况为旅客提供服务在系统中进行回复，接人的结果有已接到人、未接到人两种类型。

2. 旅客投诉工单管理

(1)旅客投诉工单查询

通过系统页面左边目录树，选择“客服服务单管理 3.0”目录下的“旅客投诉 3.0”查询。

(2)旅客投诉工单处理流程

①处理流程。

“待签收”的工单“签收”操作后，变为“待处理”。

“待处理”的工单“处理”操作后，变为“待审核”。

“待审核”的工单“审核”操作后，变为“待回访”。

“待回访”的工单接收到客服系统的回访结果后，变为“已完成”。

②退回流程。

“待签收”的工单“签收”操作后，变为“待处理”。

“待处理”的工单“退回”操作后，变为“已退回”。

科室用户“退回”操作，工单退回到站段客运生产服务中心，派发状态变为“已退回”；指挥中心“退回”操作，工单则退回到客服中心，受理状态变为“已退回”。

五、站区一体化管理系统

站区一体化管理系统是将客运车站站区划分为多个“网格单元”的区域管理方式，由客运车站牵头，各驻站单位高效协同，实现站区内无死角、无重叠管理。其主要由巡视管理、问题上报、网格配置、系统管理、预警提示、数据统计等功能模块组成。客运车站现场的巡视信息或提交的问题上报信息，采用内外网特定的安全平台，实现手持和电脑终端应用端数据的穿透与交互，如图 3-36 所示。

图 3-36　站区一体化管理系统登录界面

(一)网格管理

客运车站站区网格划分应按照全面覆盖、责任明确、边界清晰、不留间隙、方便管理的原则,以站场布局、作业分工、岗位设置、人员配备、管理体系等为基础,充分体现作业层面和管理层面的不同要求,科学合理进行网格划分。

根据现有作业岗位分布、作业班次安排和作业人员分工等情况,对售票区域、进站区域、候车区域、站台区域、出口区域、行包作业区域和其他公共服务区域进行网格划分。

(二)巡视管理

1. 客运站段、驻站单位应按照站区一体化管理巡视标准制订作业人员和管理人员巡视计划。驻站单位制定的巡视计划还应提交客运站系统管理人员审核通过。

2. 巡视人员巡视前需确认巡视打卡手持机设备良好,如图 3-37 所示,功能正常。

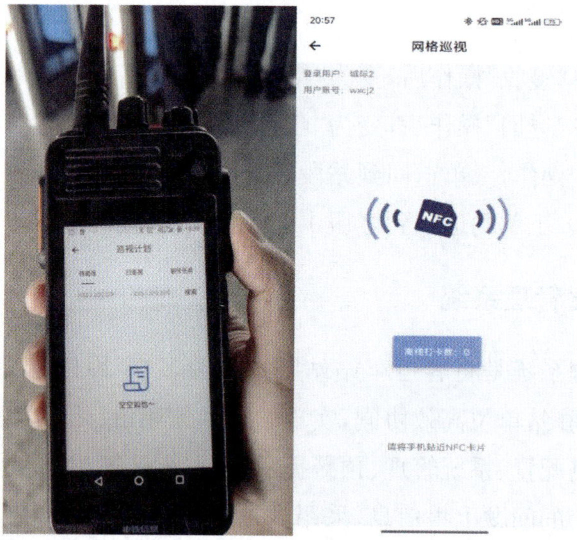

图 3-37 巡视打卡手持机

3. 巡视人员根据巡视计划,在规定的巡视周期内,按照规定的巡视路线、巡视点位对负责的网格区域进行巡视并打卡。巡视过程中遇巡视点位存在的移动网络信号弱时,巡视人员可使用手持机离线打卡模式打卡。

4. 客运站段和有巡视任务的驻站单位应及时检查巡视人员巡视情况。督促未按照巡视计划和标准完成巡视任务的客运车站、分公司、班组、人员按要求巡视并考核,实现巡视兑现率 100%。

(三)问题管理

1. 客运站段和驻站单位发现客运车站站区内影响安全、服务、运输秩序等问题时,须通过站区一体化管理系统提报并流转。

2. 客运站段和驻站单位巡视人员在巡视过程中发现的问题应通过手持设备或电脑终端及时上报,必要时拍摄问题图片上传,并附以文字说明具体问题和留有联系方式。遇突发紧急情况,可先口头通知,后续在站区一体化管理系统内补录。

3. 客运站段巡视人员上报的问题,巡视人员能够确认问题责任单位时,系统自动流转责任单位;客运站段巡视人员不能确定责任单位、误选责任单位、驻站单位巡视人员上报、责任单位拒签收的问题,统一由客运站段级系统管理员(系统工单管理员)负责确认责任单位后通过系统流转或生成"问题告知书"通知责任单位。

4. 问题责任单位应在120分钟内签收,并在48小时内反馈整改情况。48小时内无法完成整改的问题,应在站区一体化管理系统内反馈问题处置计划和调整整改期限。已调整过整改期限的问题在整改期限内仍不能完成整改的,经站区一体化管理工作实施小组同意后在系统内二次调整整改期限。

5. 问题责任单位应在整改期限内完成问题整改,并在站区一体化管理系统内反馈。巡视人员在巡视过程中,应对当前巡视区域内责任单位已反馈结果的问题处置情况进行确认销号,通过"问题告知书"流转的问题由系统管理员负责在系统内反馈并完成销号流程。对未完成整改的问题应重新流转问题责任单位整改。

复习思考题

1. 儿童优惠票的购买是如何规定的?
2. 学生优惠票的优惠时间是如何规定的?
3. 实名制证件有哪些?
4. 车票改签费、退票费核收的标准是什么?
5. 乘意险保险期限是什么?
6. 铁路乘车证有哪几种?
7. 运输输入事故分为哪几类?
8. 旅客违章携带物品应如何处理?
9. 行李中哪些物品不得夹带?
10. 动车组列车始发、折返、途中办理给水(卸污)作业的联控用语分别是什么?

第四章　作业标准

岗位作业标准是为规范员工操作规范而制定的统一要求和规范化规定，确保职工在岗位上完成各项符合质量要求的作业，同时提高工作效率，提升服务质量。

第一节　客运员岗位作业标准

客运员岗位分布在车站各流线上，根据岗位职责和作业内容的不同可以分为实名制验证、服务台、检票、站台、出站口及贵宾室等岗位。

一、客运员(实名制验证)岗位

1. 一班作业流程

客运员(实名制验证)岗位一班作业流程如图 4-1 所示。

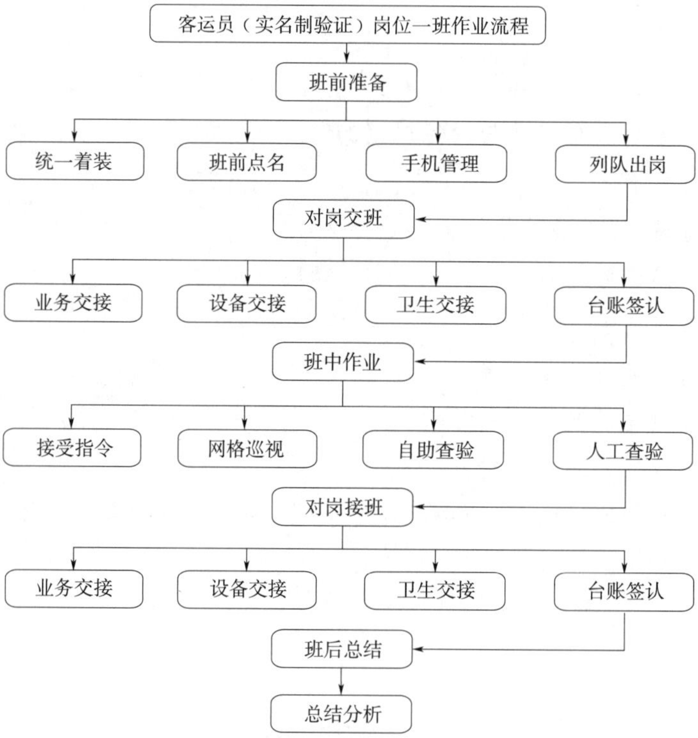

图 4-1　客运员(实名制验证)岗位一班作业流程

2. 作业标准

客运员(实名制验证)作业标准见表 4-1。

表 4-1　客运员(实名制验证)作业标准

作业阶段	作业项点	质量标准
班前准备	统一着装	穿着统一制服,佩戴胸章牌。精神饱满,仪容整洁(女性淡妆上岗,男性头发干净整齐、颜色自然)
	班前点名	按时参加点名会,听取上级命令、文电、班计划及重点工作布置,掌握列车运行、客流动态、临客开行计划等情况,学习上级文电相关业务知识,接受业务提问,做好学习笔记
	手机管理	上岗作业前,应统一将手机锁入本人更衣柜(储物柜)中,落实作业过程手机禁止携带规定
	列队出岗	在客运值班员带领下,步伐一致,两人成排,三人成列,从指定线路进入作业岗位
对岗交班	业务交接	掌握客流动态,接清列车运行情况及其他重点事项
	设备交接	本岗位实名制验证电脑、摄像头、扫描枪、居民身份证识读器、自助实名制核验闸机等客运设备运行情况,确认设备状态良好
		本岗位音视频记录仪、对讲机等客运作业设备情况,核对音视频记录仪时间应与北京时间同步,使用正常
		本岗位吊顶、幕墙、地面、玻璃门等房建设施设备情况
		发现设备设施故障及时在网格化系统做好报修登记,未销号的设备设施故障继续做好维修跟踪
		对涉及可能影响客运安全或客运服务质量的设备故障,及时上报客运值班员,并做好安全防护措施
	卫生交接	本岗位作业区域环境卫生,发现污渍、水渍,及时督促华铁旅服公司保洁清扫,物品摆放落实 6S 定置管理要求
	台账签认	交接完毕后签字确认
班中作业	接受指令	接受班中上级下达的命令、指示、业务通知,并落实到位
	网格巡视	按网格化管理要求巡视作业区域,关注旅客动态,检查设备设施、照明、环境卫生、安全秩序等,发现问题及时采取相应措施,卫生保洁不达标的及时通知华铁旅服公司保洁做好卫生保洁,保持环境卫生
	自助查验	引导旅客将可识读的有效身份证件放置在自助实名制核验闸机读卡区域,提醒旅客面向摄像头,完成实名制核验
		引导持不可识读证件的旅客,通过人工通道完成实名制核验
	人工查验	按操作程序开机,点击铁路旅客进站验证检票系统,输入用户和密码进入验证系统
		引导旅客将有效身份证件放置居民身份证识读器上(无法自动识读时,需手工输入身份证件号码),核对票、证、人相符后放行。对未经资质核验的学生优惠票旅客引导至售票窗口或自助售票机完成核验手续
		实名制复位时,将旅客身份证件放置到识读器上(无法自动识读时,需手工输入身份证件信息),按 F4 办理出站复位
		持旅客列车登乘证进站乘车的,应通过旅客列车登乘证系统,核验人、证一致后放行

续上表

作业阶段	作业项点	质量标准
对岗接班	业务交接	客流动态、列车运行及其他重点事项。遇交班时间正逢一次作业中时，须完成当次作业后交班
	设备交接	本岗位实名制验证电脑、摄像头、扫描枪、居民身份证识读器、自助实名制核验闸机等客运设备运行情况
		本岗位音视频记录仪、对讲机等客运作业设备情况，当班期间音视频记录拍摄的资料及时存储到指定存储设备中
	卫生交接	检查本岗位作业区域环境卫生，发现污渍、水渍，及时督促华铁旅服公司保洁清扫，物品摆放落实 6S 定置管理要求
	台账签认	交接完毕后签字确认
班后总结	总结分析	交班后参加班后总结会，向客运值班员汇报当班工作情况。听取客运值班员对本班工作的总结

二、客运员(服务台)岗位

1. 一班作业流程

客运员(服务台)岗位一班作业流程如图 4-2 所示。

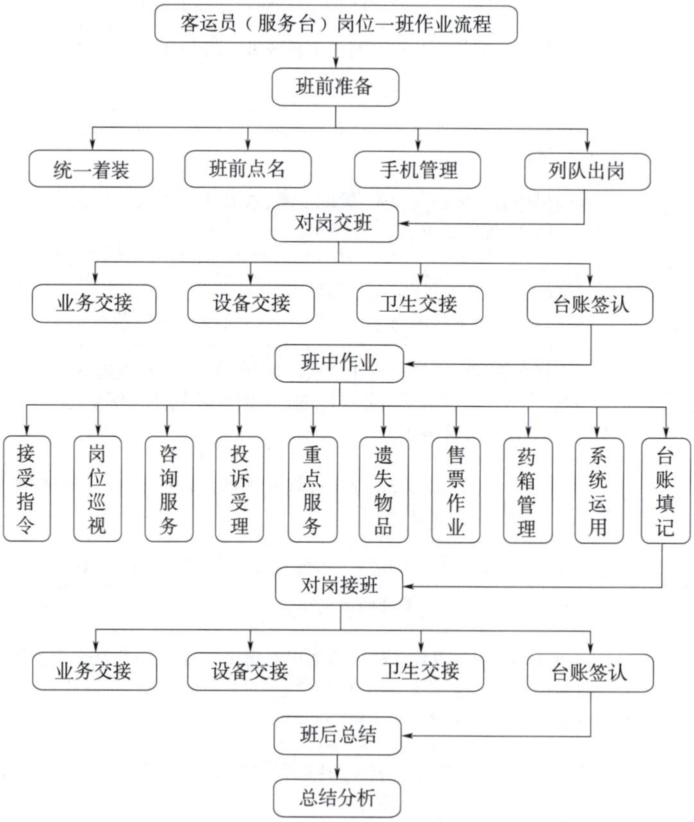

图 4-2 客运员(服务台)岗位一班作业流程

2. 作业标准

客运员(服务台)作业标准见表 4-2。

表 4-2 客运员(服务台)作业标准

作业阶段	作业项点	质量标准
班前准备	统一着装	穿着统一制服,佩戴胸章牌。精神饱满,仪容整洁(女性淡妆上岗,男性头发干净整齐、颜色自然)
	班前点名	按时参加点名会,听取上级命令、文电、班计划及重点工作布置,掌握列车运行、客流动态、临客开行计划等情况,学习上级文电相关业务知识,接受业务提问,做好学习笔记
	手机管理	按要求落实手机使用管理规定,在作业过程中禁止使用手机
	列队出岗	在客运值班员带领下,步伐一致,两人成排,三人成列,从指定线路进入作业岗位
对岗交班	业务交接	掌握客流动态,接清列车运行情况、重点旅客、遗失物品及其他重点事项
	设备交接	本岗位广播系统、动静态引导标识、照明等客运设备运行情况,确认设备状态良好,广播语音清晰
		本岗位售票设备、办公电脑、电话、扩音器、对讲机、音视频记录仪等作业设备,确认设备状态良好,核对音视频记录仪时间应与北京时间同步,使用正常
		本岗位轮椅、担架、医疗急救药箱等服务设备,确认设备状态良好,核对药品、器械配置,检查药品有效期,对过期药品及时报告客运值班员,做好药品补充
		检查发现设备设施故障及时在网格化系统做好报修登记,未销号的设备设施故障继续做好维修跟踪
	卫生交接	检查本岗位作业区域环境卫生,发现污渍、水渍,及时督促华铁旅服公司保洁清扫,物品摆放落实 6S 定置管理要求
	台账签认	交接完毕后签字确认
班中作业	接受指令	接受班中上级下达的命令、指示、业务通知,并落实到位
	网格巡视	按网格化管理要求巡视作业区域,关注旅客动态,检查设备设施、动静态引导标识、环境卫生等状况,遇设备故障及时报修,卫生保洁不达标的及时通知华铁旅服公司保洁做好卫生保洁,保持环境卫生
	咨询服务	为旅客提供列车信息、到发时刻、检票口、正晚点等列车信息咨询服务,以及购票、退票、改签、禁止携带品等客运业务咨询服务,实行首问首诉负责制
	投诉受理	受理现场旅客投诉建议,了解旅客实际需求,及时处理,化解矛盾取得谅解,遇无法调解处理的,及时汇报客运值班员
		受理客运管理信息系统工单的旅客投诉建议,详细了解具体情况,做好问题核实,限时做好反馈
	重点服务	受理重点旅客在现场和客运管理信息系统预约服务,为有需求的特殊重点旅客提供帮助,做到有服务、有交接、有通报
		对已预约的特殊重点旅客提前主动联系,确认旅客当前位置,了解旅客需求和车次信息,提供相应的轮椅、担架或者专人护送进出站、上下车服务,遇服务信息无法推送至相关客运段和旅客目的地车站的,需开具“特殊重点旅客交接簿”,办理站车交接

续上表

作业阶段	作业项点	质量标准
班中作业	遗失物品	车站捡拾或列车移交的旅客遗失物品，应当面清点，办理交接
		收到遗失物品查找工单，应在30分钟内在“客运管理信息系统”完成签收，并迅速根据旅客提供的相关信息进行查找，在接到工单通知后6小时内将遗失物品查找的结果，通过系统终端反馈
		接收的旅客遗失物品及时在“旅客遗失物品登记簿”“客运管理信息系统”中遗失物品模块填记，注明日期、地点、品名、包装及内含物品、数量、拾得者、经办人等内容，正确、规范填记“旅客遗失物品登记簿”，做到字迹清晰，严禁出现涂改
		旅客来领遗失物品时，应查验有效身份证件，核对时间、地点、车次、品名、件数、重量，确认无误后，要求领取人确认签字并留下联系方式
		班中无人认领时，班后及时入遗失物品存放点保管
	售票作业	凭购票人提供的乘车人有效身份证件或身份证件信息发售车票，对无法出示有效身份证件的旅客引导至公安制证口、自助制证机或使用铁路12306移动端办理临时居民身份证明
		发售儿童优惠票时，应根据儿童年龄，判断是否符合儿童优惠票发售条件，儿童优惠票的乘车日期、车次及席别应与同行成年人所持车票相同，到站不得远于成年人车票的到站
		发售学生优惠票时，应对学生优惠票资质核验，不得发售超过减价优惠区间的学生优惠票，如学生旅客要求购买时，对超区间部分应分段发售
		发售优待票时，按旅客提供的旅客身份证件信息，系统甄别是否符合购买优待票，如不符合，告知旅客提供减价优待证，核验减价优待证无误后，可发售优待票
		为旅客办理“铁路畅行”常旅客会员业务时，凭旅客本人提供的有效身份证件原件，经旅客同意并遵守“铁路畅行”常旅客会员规则与条款，设置消费密码，审核通过后成为会员
		旅客办理退票时，旅客需出具购票时使用的有效身份证件，代乘车人办理的，需出具代办人有效身份证件和乘车人购票时使用的有效身份证件，旅客办理已开具报销凭证的车票退票或退款手续时，须交回报销凭证，如报销凭证无法交回或不可识别、不完整时，不办理退票或退款
		发售铁路电子客票时，应询问旅客支付方式，并提供旅客“行程信息提示”
		办理改签时，旅客需出具购票时使用的有效身份证件，代乘车人办理的，需出具代办人有效身份证件和乘车人购票时使用的有效身份证件，在铁路运输企业有能力的前提下，可办理一次改签，旅客办理已经开具报销凭证的车票改签时，须交回报销凭证，如报销凭证无法交回或不可识别、不完整时，不办理改签
		旅客通过提供订单号和证件号码开具报销凭证时，需客运(售票)值班员确认为证件原件并复核证件信息，赋权操作员后为旅客办理
	药箱管理	医疗急救药箱定置管理并加锁，药箱内应配有“药械清单和简明用药指引”和“药械使用登记簿”，定期清点药箱内药品、器械，缺失药品及时补充
		旅客用药应在“药械使用登记簿”上详细记录药品、器械使用情况和旅客身份信息
	系统运用	对上级流转的投诉、重点旅客、遗失物品等工单做好签收、录入、处理及反馈
	台账填记	规范填记各类台账资料

续上表

作业阶段	作业项点	质量标准
对岗接班	业务交接	客流动态、列车运行、重点旅客、遗失物品及其他重点事项
	设备交接	本岗位售票设备、办公电脑、电话、扩音器、对讲机、音视频记录仪等作业设备，确认设备状态良好，核对音视频记录仪时间应与北京时间同步，使用正常
		本岗位轮椅、担架、医疗急救药箱等服务设备，确认设备状态良好，核对药品、器械配置，检查药品有效期，对过期药品及时报告客运值班员，做好药品补充
		发现设备设施故障及时在网格化系统做好报修登记，未销号的设备设施故障继续做好维修跟踪
	卫生交接	本岗位作业区域环境卫生，发现污渍、水渍，及时督促华铁旅服公司保洁清扫，物品摆放落实6S定置管理要求
	台账签认	交接完毕后签字确认
班后总结	总结分析	交班后参加班后总结会，向客运值班员汇报当班工作情况。听取客运值班员对本班工作的总结

三、客运员(检票)岗位

1. 客运员(检票)岗位一班作业流程如图4-3所示。

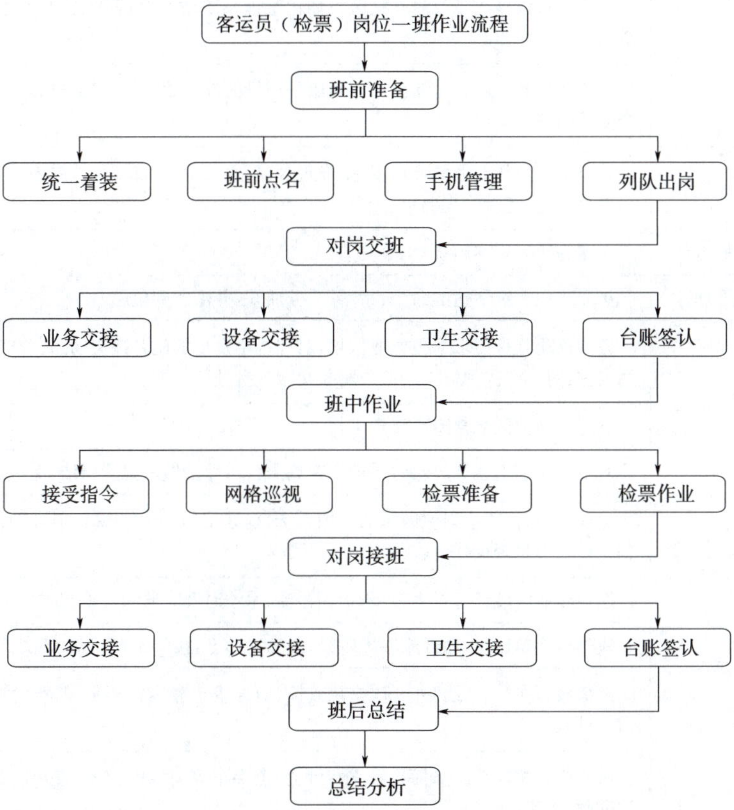

图4-3 客运员(检票)岗位一班作业流程

2. 作业标准

客运员(检票)作业标准见表 4-3。

表 4-3 客运员(检票)作业标准

作业阶段	作业项点	质量标准
班前准备	统一着装	穿着统一制服,佩戴胸章牌。精神饱满,仪容整洁(女性淡妆上岗,男性头发干净整齐、颜色自然)
	班前点名	按时参加点名会,听取上级命令、文电、班计划及重点工作布置,掌握列车运行、客流动态、临客开行计划等情况,学习上级文电相关业务知识,接受业务提问,做好学习笔记
	手机管理	按要求落实手机使用管理规定,在作业过程中禁止使用手机
	列队出岗	在客运值班员带领下,步伐一致,两人成排,三人成列,从指定线路进入作业岗位
对岗交班	业务交接	掌握客流动态,接清列车运行及其他重点事项
	设备交接	本岗位广播系统、动静态引导屏、电梯、照明等客运设备,确认设备状态良好,广播语音清晰,显示屏内容完整,电梯运行正常
		本岗位自动检票机、半自助检票机、手持检票终端、音视频记录仪、对讲机、扩音器等客运作业设备,确认设备状态良好,核对音视频记录仪时间应与北京时间同步,使用正常
		本岗位吊顶、幕墙、采光顶、墙面、地面、玻璃门等房建设施设备情况
		发现设备设施故障及时在站区一体化管理系统做好报修登记,未销号的设备设施故障继续做好维修跟踪
		对涉及可能影响客运安全或客运服务质量的设备故障,及时上报客运值班员,并做好安全防护措施
	卫生交接	检查本岗位作业区域环境卫生,发现污渍、水渍,及时督促华铁旅服公司保洁清扫,物品摆放落实 6S 定置管理要求
	台账签认	交接完毕后签字确认
班中作业	接受指令	接受班中上级下达的命令、指示、业务通知,并落实到位
	网格巡视	按网格化管理要求巡视作业区域,对巡视中发现的旅客遗失物品,及时联系宣传帮助联系失主,对无法找到失主的遗失物品交服务台处理
		做好本岗位区域软隔离整理工作
		对卫生保洁不达标的及时通知华铁旅服公司保洁做好卫生保洁,保持环境卫生
	检票准备	提前到岗,检查本岗位区域的广播系统、检票屏、自动检票机、半自助检票机、电梯等设备运行状态是否良好
		巡视作业区域环境卫生,发现地面污渍、水渍时及时通知华铁旅服公司保洁清扫
		梳理检票口通道,做到旅客无躺卧、无席地而坐,接待旅客问询,落实首问首诉负责制
		组织旅客在“一米线”外有序排队候检,引导重点旅客或不可识读证件的旅客在人工通道口排队
		做好检票车次、开车时间、停靠站台、安全乘车等内容的宣传,宣传时面向旅客站立,表达准确、语速适中

续上表

作业阶段	作业项点	质量标准
班中作业	检票作业	按照先重点、后团体、再一般的原则，以及商务座旅客、军人、消防救援人员优先进站服务要求，提前与站台客运员联控确认，组织旅客通过人工通道办理进站检票手续
		引导持可识读有效身份证件的旅客通过自助检票机自助办理进站检票手续。持不可识读证件的旅客及儿童优惠票的旅客通过人工通道办理进站检票手续
		引导携带大件行李、婴儿车等旅客乘坐无障碍电梯，提醒旅客注意安全
		检票作业中做好旅客过闸情况盯控，发现尾随进站的旅客及时制止，遇强闯、翻越栏杆、寻衅滋事的旅客，及时通知客运值班员，必要时联系公安到场
		大批旅客检票完毕后，对检票区域加强检票车次等信息宣传，做好后续旅客检票工作，防止发生旅客漏乘
		旅客检票进站后，在开车前取消旅行的，引导旅客到相应的岗位进行“未检复位”操作
		停止检票后，在检票口守口作业，严禁将旅客下放站台，遇晚到旅客，做好宣传解释工作，引导旅客至售票窗口或自助售票机办理改签手续
		引导中转换乘旅客使用反向检票机自助验票，遇大批旅客中转换乘时，可开启人工通道利用半自助检票机或人工进行验票
		待列车起动，检票列车信息下屏，及时锁闭感应门、人工通道、退出半自助检票终端系统
对岗接班	业务交接	客流动态、列车运行及其他重点事项。遇交班时间正逢一次作业中时，须完成当次作业后交班
	设备交接	本岗位广播系统、动静态引导屏、电梯、照明等客运设备，确认设备状态良好，广播语音清晰，显示屏内容完整，电梯运行正常
		本岗位自动检票机、半自助检票机、手持检票终端、音视频记录仪、对讲机、扩音器等客运作业设备，确认设备状态良好，核对音视频记录仪时间应与北京时间同步，使用正常
		本岗位吊顶、幕墙、采光顶、墙面、地面、玻璃门等房建设施设备情况
		检查发现设备设施故障及时在站区一体化管理系统做好报修登记，未销号的设备设施故障继续做好维修跟踪
		对涉及可能影响客运安全或客运服务质量的设备故障，及时上报客运值班员，并做好安全防护措施
	卫生交接	检查本岗位作业区域环境卫生，发现污渍、水渍，及时督促华铁旅服公司保洁清扫，物品摆放落实6S定置管理要求
	台账签认	交接完毕后签字确认
班后总结	总结分析	交班后参加班后总结会，向客运值班员汇报当班工作情况。听取客运值班员对本班工作的总结

四、客运员(站台)岗位

1. 客运员(站台)岗位一班作业流程如图4-4所示。

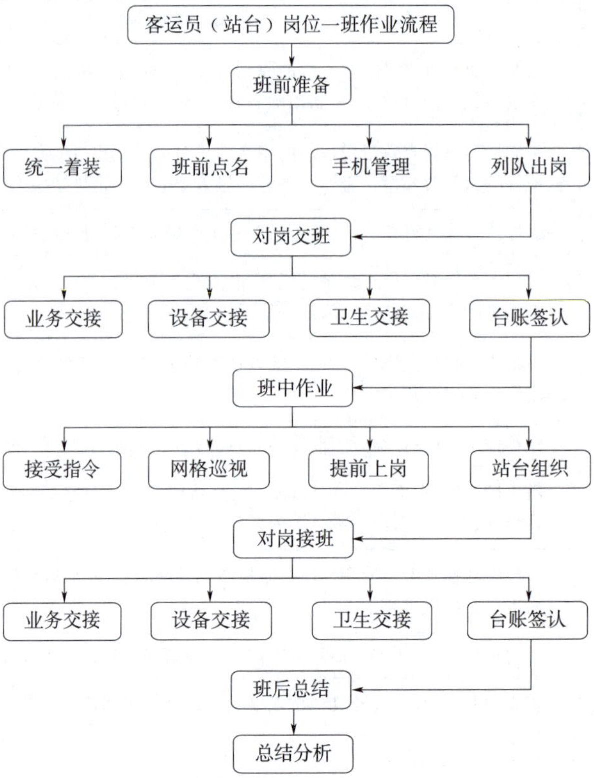

图 4-4 客运员(站台)岗位一班作业流程

2. 客运员(站台)作业标准

客运员(站台)作业标准见表 4-4。

表 4-4 客运员(站台)作业标准

作业阶段	作业项点	质量标准
班前准备	统一着装	穿着统一制服,佩戴胸章牌。精神饱满,仪容整洁(女性淡妆上岗,男性头发干净整齐、颜色自然)
	班前点名	按时参加点名会,听取上级命令、文电、班计划及重点工作布置,掌握列车运行、客流动态、临客开行计划等情况,学习上级文电相关业务知识,接受业务提问,做好学习笔记
	手机管理	按要求落实手机使用管理规定,在作业过程中禁止使用手机
	列队出岗	在客运值班员带领下,步伐一致,两人成排,三人成列,从指定线路进入作业岗位
对岗交班	业务交接	掌握客流动态,接清列车运行及其他重点事项
	设备交接	本岗位广播系统、动静态引导屏、电梯、照明等客运设备,确认设备状态良好,广播语音清晰,显示屏内容完整,电梯运行正常
		本岗位音视频记录仪、对讲机、扩音器、口笛等客运作业设备,确认设备状态良好,核对音视频记录仪时间应与北京时间同步,使用正常

续上表

作业阶段	作业项点	质量标准
对岗交班	设备交接	本岗位吊顶、采光顶、地面、楼梯玻璃、站台帽檐等房建设施设备情况
		发现的设备设施故障及时在网格化系统做好报修登记，未销号的设备设施故障继续做好维修跟踪
		对涉及可能影响客运安全或客运服务质量的设备故障，及时上报客运值班员，并做好安全防护措施
	卫生交接	本岗位作业区域环境卫生，发现污渍、水渍，及时督促华铁旅服公司保洁清扫，物品摆放落实6S定置管理要求
	台账签认	交接完毕后签字确认
班中作业	接受指令	接受班中上级下达的命令、指示、业务通知，并落实到位
	网格巡视	按网格化管理要求巡视作业区域，关注旅客动态，检查设备设施、动静态显示屏、环境卫生等状况，遇设备故障及时报修，卫生保洁不达标的及时通知华铁旅服公司保洁做好卫生保洁，保持环境卫生
	提前上岗	检查确认自动扶梯、无障碍电梯设备状态是否良好；检查股道、接触网有无闲杂人员或障碍物；检查动静态显示屏内容是否完整、准确
		加强对站台巡视，确认站台上有无作业车辆及其他异物侵入安全白线，确保站台无障碍物、垃圾堆放，站台面无积水、积雪，不影响旅客正常乘降
	站台组织	迎送列车时，按规定位置立岗，足靠安全线，不侵入安全线外，面向列车方向目迎目送，以列车进入站台开始，开出站台为止，发现旅客侵入安全线外，应立即鸣笛警告
		检票放客时，在电梯口、楼梯口、站台边等关键部位加强安全宣传、引导防护，防止旅客侵入安全线外或随车奔跑，组织旅客按车厢位置排队上车
		列车停稳后，组织旅客有序乘降，在规定的车厢位置与列车长办理业务交接
		组织旅客上下车时，提醒旅客注意安全，关注站台两端及行为异常旅客，发现情况立即处置
		引导持有联程车票的换乘旅客，按便捷换乘标识指引旅客换乘接续列车
		落实旅客首问首诉负责制，对发现或列车移交的误乘旅客、遗失物品、旅客意外伤害等情况按规定处理
		同一站台面有两趟列车同时作业时，有宣传，有引导，无误乘
		掌握旅客乘降、给水、卸污、行包（邮政）作业等情况，使用规定用语做好联控。客运作业完毕后，使用对讲机通知相关人员
		铃响时，巡视站台，无漏乘
		列车开出后，清理站台，做到“一车一清”
对岗接班	业务交接	客流动态、列车运行及其他重点事项。遇交班时间正逢一次作业中时，须完成当次作业后交班
	设备交接	本岗位广播系统、动静态引导屏、电梯、照明等客运设备，确认设备状态良好，广播语音清晰，显示屏内容完整，电梯运行正常

续上表

作业阶段	作业项点	质量标准
对岗接班	设备交接	本岗位音视频记录仪、对讲机、扩音器、口笛等客运作业设备，确认设备状态良好，核对音视频记录仪时间应与北京时间同步，使用正常
		本岗位吊顶、采光顶、地面、楼梯玻璃、站台帽檐等房建设施设备情况
		检查发现的设备设施故障及时在网格化系统做好报修登记，未销号的设备设施故障继续做好维修跟踪
		对涉及可能影响客运安全或客运服务质量的设备故障，及时上报客运值班员，并做好安全防护措施
	卫生交接	本岗位作业区域环境卫生，发现污渍、水渍，及时督促华铁旅服公司保洁清扫，物品摆放落实 6S 定置管理要求
	台账签认	交接完毕后签字确认
班后总结	总结分析	交班后参加班后总结会，向客运值班员汇报当班工作情况。听取客运值班员对本班工作的总结

五、客运员（出站口）岗位

1. 客运员（出站口）岗位一班作业流程如图 4-5 所示。

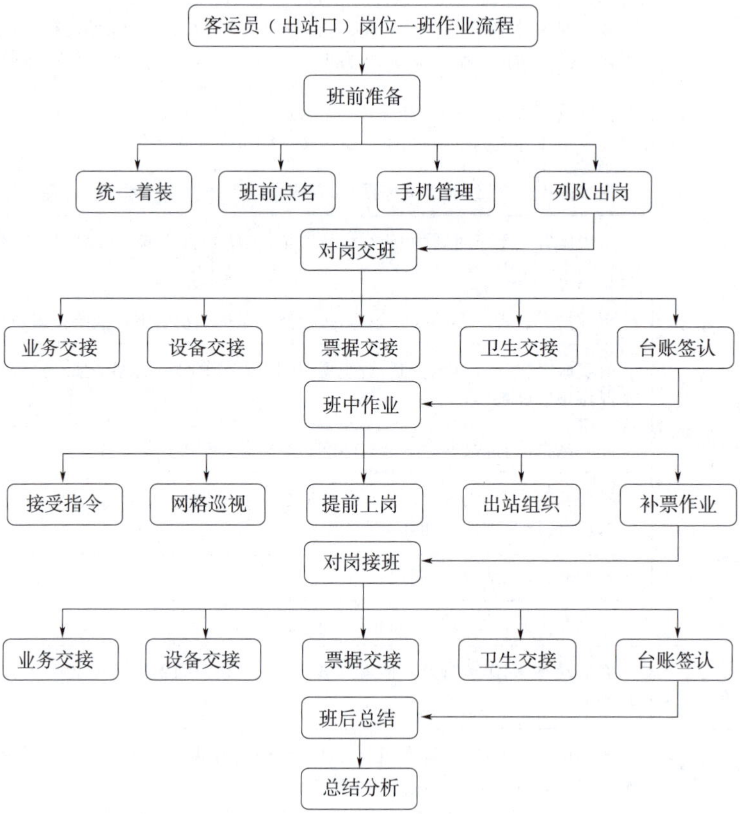

图 4-5　客运员（出站口）岗位一班作业流程

2. 客运员(出站口)作业标准

客运员(出站口)作业标准见表 4-5。

表 4-5 客运员(出站口)作业标准

作业阶段	作业项点	质量标准
班前准备	统一着装	穿着统一制服,佩戴胸章牌。精神饱满,仪容整洁(女性淡妆上岗,男性头发干净整齐、颜色自然)
	班前点名	按时参加点名会,上级命令、文电、班计划及重点工作布置,掌握列车运行、客流动态、临客开行计划等情况,学习上级文电相关业务知识,接受业务提问,做好学习笔记
	手机管理	按要求落实手机使用管理规定,在作业过程中禁止使用手机
	列队出岗	在客运值班员带领下,步伐一致,两人成排,三人成列,从指定线路进入作业岗位
对岗交班	业务交接	掌握客流动态,接清列车运行及其他重点事项
	设备交接	本岗位自动检票机、半自助检票机、手持检票终端、补票系统、制票机、点钞机、音视频记录仪、对讲机、扩音器等客运作业设备,确认设备状态良好,核对音视频记录仪时间应与北京时间同步,使用正常
		本岗位吊顶、幕墙、采光顶、墙面、地面、玻璃门等房建设施设备情况
		发现设备设施故障及时在网格化系统做好报修登记,未销号的设备设施故障继续做好维修跟踪
		对涉及可能影响客运安全或客运服务质量的设备故障,及时上报客运值班员,并做好安全防护措施
	票据交接	做好票据、现金的当面清点,认真核对票据起止号,按规定交接。备用金存量不足时及时请领
	卫生交接	本岗位作业区域环境卫生,发现污渍、水渍,及时督促华铁旅服公司保洁清扫,物品摆放落实 6S 定置管理要求
	台账签认	交接完毕后签字确认
班中作业	接受指令	接受班中上级下达的命令、指示、业务通知,并落实到位
	网格巡视	按网格化管理要求巡视作业区域,对巡视中发现的旅客遗失物品,及时交服务台
		对卫生保洁不达标的及时通知华铁旅服公司保洁做好卫生保洁,保持环境卫生
	提前上岗	根据列车到达预告,提前上岗,检查广播系统、显示屏状态和内容、自助检票机、半自助检票机、电梯、照明等设备状态
		清理出口通道,提前打开出站通道门,做到通道畅通,无闲杂人员和障碍物
	出站组织	引导持可识读有效身份证件、中铁银通卡等证件的旅客通过自动检票机出站
		引导重点旅客、优待票及其他不可识读证件旅客,在人工通道排队验票出站
		做好旅客过闸情况盯控,发现尾随出站的旅客及时制止,遇强闯、翻越栏杆、寻衅滋事的旅客,及时通知客运值班员,必要时联系车站公安

续上表

作业阶段	作业项点	质量标准
班中作业	出站组织	落实出站口通道管理制度，防止闲杂人员从出站口进入站内
		遇旅客集中到达，出站口客流超安全警戒线时，应立即汇报值班员，及时打开所有出站检票机、人工通道、应急疏散门，组织旅客快速出站
		遇旅客发生违章乘车行为时及时妥善处置，对于拒不补票的，及时通知客运值班员，联系车站公安到场，做好到补工作
		列车开车旅客全部出站后，及时清理通道，锁闭人工出站通道
	补票作业	开启电脑，输入工号、密码，选择班次，登录补票系统
		规范处理违章乘车旅客及违章携带物品，办理补票时，应唱收旅客补票款额和有效身份证件，票款收付准确，现金入柜加锁
		暂停补票作业时，退回暂停界面
		结账作业，先交款封包后结账，做到账款相符
对岗接班	业务交接	掌握客流动态，接清列车运行及其他重点事项
	设备交接	本岗位广播系统、动静态引导屏、电梯、照明等客运设备确认设备状态良好，广播语音清晰，显示屏内容完整，电梯运行正常
		本岗位自动检票机、半自助检票机、手持检票终端、补票系统、制票机、点钞机、音视频记录仪、对讲机、扩音器等客运作业设备，确认设备状态良好，核对音视频记录仪时间应与北京时间同步，使用正常
		本岗位吊顶、幕墙、采光顶、墙面、地面、玻璃门等房建设施设备情况
		发现设备设施故障及时在网格化系统做好报修登记，未销号的设备设施故障继续做好维修跟踪
		对涉及可能影响客运安全或客运服务质量的设备故障，及时上报客运值班员，并做好安全防护措施
	票据交接	做好票据、现金的当面清点，认真核对票据起止号，按规定交接。备用金存量不足时及时请领
	卫生交接	本岗位作业区域环境卫生，发现污渍、水渍，及时督促华铁旅服公司保洁清扫，物品摆放落实 6S 定置管理要求
	台账签认	交接完毕后签字确认
班后总结	总结分析	交班后参加班后总结会，向客运值班员汇报当班工作情况。听取客运值班员对本班工作的总结

六、客运员(贵宾室)岗位

1. 客运员(贵宾室)岗位一班作业流程如图 4-6 所示。

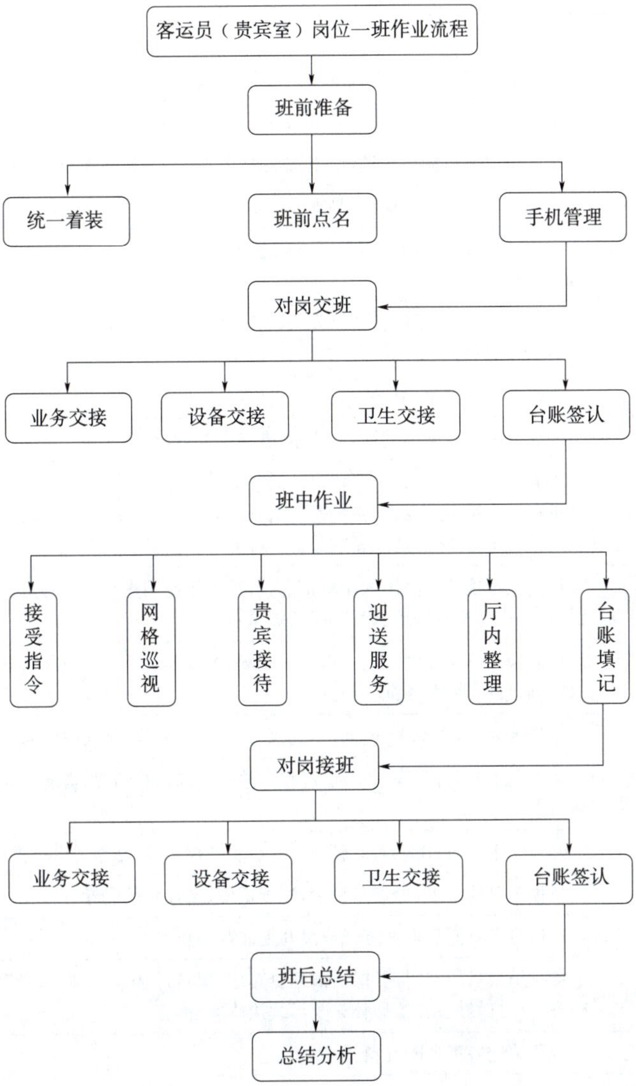

图 4-6　客运员(贵宾室)岗位一班作业流程

2. 客运员(贵宾室)作业标准

客运员(贵宾室)作业标准见表 4-6。

表 4-6　客运员(贵宾室)作业标准

作业阶段	作业项点	质量标准
班前准备	统一着装	穿着统一制服,佩戴胸章牌。精神饱满,仪容整洁(女性淡妆上岗,男性头发干净整齐、颜色自然)
	班前点名	按时参加点名会,听取上级命令、文电、班计划及重点工作布置,掌握列车运行、客流动态、临客开行计划等情况,学习上级文电相关业务知识,接受业务提问,做好学习笔记
	手机管理	按要求落实手机使用管理规定,在作业过程中禁止使用手机

续上表

作业阶段	作业项点	质量标准
对岗交班	业务交接	列车运行情况，上级下达的重点任务、列车编组信息、贵宾室运用情况及其他重点事项
	设备交接	本岗位对讲机、列车到发查询系统、照明等设备，确保设备状态良好
		本岗位服务备品使用情况，发现缺少及时报告客运值班员并及时补充
		本岗位吊顶、幕墙、墙面、地面、玻璃门等房建设施设备情况
		发现设备设施故障及时在网格化系统做好报修登记，未销号的设备设施故障继续做好维修跟踪
	卫生交接	本岗位作业区域环境卫生，发现污渍、水渍，及时督促华铁旅服公司保洁清扫，物品摆放落实6S定置管理要求
	台账签认	交接完毕后签字确认
班中作业	接受指令	接受班中上级下达的命令、指示、业务通知，按规定落实
	网格巡视	按网格化管理要求巡视贵宾厅，防止无关、闲杂人员进入。及时更换报纸杂志。督促做好贵宾厅环境卫生保洁，室内空气清新，地毯干净，茶具、面巾消毒达标，厕所无异味。检查设备设施等状况，遇设备故障及时报修
	贵宾接待	提前联系确认贵宾出入车辆信息，合理安排使用贵宾厅，做好贵宾接待服务。根据贵宾需求，提供行李车搬运、轮椅、担架等重点服务
	迎送服务	提前检查贵宾厅内备品是否完好无缺，温度是否适宜，在指定位置站立等候，引导贵宾入座，面带微笑，服务细心周到
		按先客后主，送茶水、递面巾，送茶水时，杯把向客、杯盖内侧向上
		送贵宾上车时，掌握列车到发时刻，检查电梯运行情况，提前与客运值班员联系，适时提醒贵宾
		迎贵宾下车时，由客运值班员与列车长办理交接，站立指定位置等候
		按指定路线行走，行走路程中，速度适中，做好服务引导
		迎送时应立岗至贵宾可视或离开视线范围止
	厅内整理	接待结束后，及时督促保洁清理贵宾厅，保持厅内空气清新，地毯干燥，沙发、茶几摆放整齐，及时做好服务备品补充及后续接待准备
	台账填记	规范填记各类台账资料
对岗接班	业务交接	列车运行情况，上级下达的重点任务、列车编组信息、贵宾室运用情况及其他重点事项
	设备交接	本岗位对讲机、列车到发查询系统、照明等设备，确保设备状态良好
		本岗位服务备品使用情况，发现缺少及时报告客运值班员并及时补充
		本岗位吊顶、幕墙、墙面、地面、玻璃门等房建设施设备情况
		发现设备设施故障及时在网格化系统做好报修登记，未销号的设备设施故障继续做好维修跟踪
	卫生交接	本岗位作业区域环境卫生，发现污渍、水渍，及时督促华铁旅服公司保洁清扫，物品摆放落实6S定置管理要求
	台账签认	交接完毕后签字确认
班后总结	总结分析	交班后参加班后总结会，向客运值班员汇报当班工作情况。听取客运值班员对本班工作的总结

第二节 综控员岗位作业标准

综控负责本单位管辖范围内所有车站客运生产服务组织和协调指导工作，具备客运生产指挥、生产过程监控、作业质量盯控、突发应急响应等工作职能。

1. 综控员一班作业流程

综控员岗位一班作业流程如图 4-7 所示。

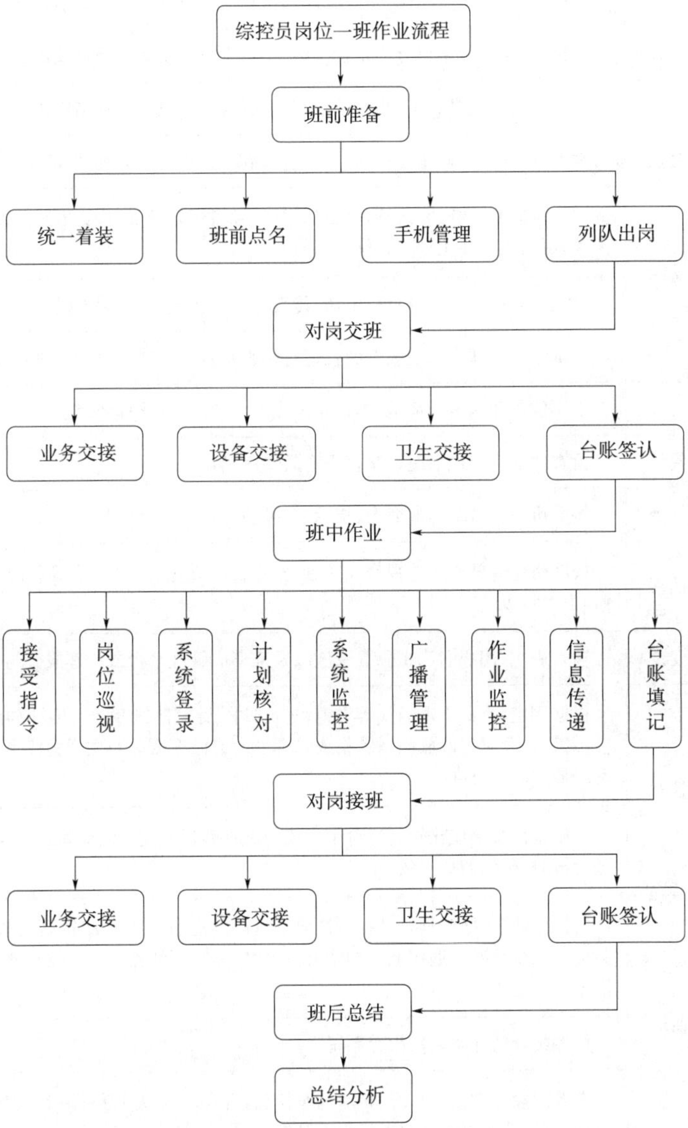

图 4-7 综控员岗位一班作业流程

2. 综控员作业标准

综控员作业标准见表 4-7。

表 4-7 综控员作业标准

作业阶段	作业项点	质量标准
班前准备	统一着装	穿着统一制服，佩戴胸章牌。精神饱满，仪容整洁(女性淡妆上岗，男性头发干净整齐、颜色自然)
	班前点名	按时参加点名会，听取上级命令、文电、班计划及重点工作布置，掌握列车运行、客流动态、临客开行计划等情况，学习上级文电相关业务知识，接受业务提问，做好学习笔记
	手机管理	上岗前，统一将手机存入定置盒内，实行手机当班集中管理规定
	列队出岗	在客运值班员带领下，步伐一致，两人成排，三人成列，从指定线路进入作业岗位
对岗交班	业务交接	掌握列车运行、候车安排、一日一表、调度命令、文电通知、客流变化等情况及重点事项
	设备交接	本岗位旅服系统、客运管理信息系统等设备运行情况，检查电脑内是否安装与旅服系统无关软件，不得使用外来存储介质
		本岗位对讲机、办公电脑、电话、传真等客运作业设备，确保设备工作状态良好
		测试站台端部防入侵报警装置运行是否正常，确认状态良好，遇到故障及时报修
	卫生交接	本岗位作业区域环境卫生，物品摆放落实 6S 定置管理要求
	台账签认	检查作业表填记情况。交接完毕后签字确认
班中作业	接受指令	接受班中上级下达的命令、指示、业务通知，并落实到位
	岗位巡视	按网格化管理要求巡视作业区域，检查设备设施、环境卫生等状况，遇设备故障及时报修，卫生垃圾及时清扫
	系统登录	输入班次、用户名和密码登录旅服系统集成管理平台或旅客服务与生产管控平台
	计划核对	根据调度命令、文电通知等内容，对当日以及次日的客运调度计划内容核对，遇计划内容不符时，及时修改旅服系统集成管理平台或旅客服务与生产管控平台的列车计划，确保动态显示屏信息准确
		对旅服系统集成化管理平台中生成的次日客运调度计划数量与自动检票机(AFC)计划进行核对，确保数据一致
	系统监控	监控导向、广播计划自动执行情况及设备的运行状态，及时掌握、核对列车运行计划变更信息执行情况。遇作业计划临时变更时，及时调整当日列车运行计划，并通知相关作业岗位
		监控站台防穿越入侵报警系统
		查看阶段计划接受情况、核对列车信息，观察 CTC 复视终端列车运行情况，及时掌握正晚点信息，遇重点列车时做好重点盯控。

续上表

作业阶段	作业项点	质量标准
班中作业	广播管理	监听车站广播计划执行情况，按时播报相关内容
		遇有列车运行变更、加开临客、检票口变化、检票时间调整等临时变更时，及时播放变更广播，确保旅客正常检票，防止漏乘
		遇列车晚点应及时向旅客广播通告，动车组列车晚点 15 分钟及以上时，播放致歉词。持续晚点的应每 30 分钟间隔时间通告致歉
		做好雨天路滑、禁止吸烟、特定运输等专题广播播放
	作业监控	实时监控车站现场作业画面，有异常情况时，及时报告，并通知相关岗位作业人员及客运值班员做好应急处置
	信息传递	做好客调命令签收、执行
		做好旅服系统集成管理平台（旅客服务与生产管控平台）导向显示有关业务宣传、公告内容的录入和监督检查，授权做好窗口屏、引导屏等设备显示的有关业务宣传、公告内容的录入和修改，并做好登记
		列车给水、吸污等作业完毕后，及时与上水、吸污作业人员进行确认，并与行车室及相应站台客运值班员（客运员）进行联控
	台账填记	规范填记各类台账
对岗接班	业务交接	掌握列车运行、候车安排、一日一表、调度命令、文电通知、客流变化等情况及重点事项。
	设备交接	本岗位旅服系统、客运管理信息系统等设备运行情况，检查电脑内是否安装与旅服系统无关软件，不得使用外来存储介质
		本岗位对讲机、电话、传真等客运作业设备，确保设备工作状态良好
		测试站台端部防入侵报警装置运行是否正常，确认状态良好，遇到故障及时报修
	卫生交接	本岗位作业区域环境卫生，物品摆放落实 6S 定置管理要求
	台账签认	检查作业表填记情况。交接完毕后签字确认
班后总结	总结分析	交班后参加班后总结会，向客运值班员汇报当班工作情况。听取客运值班员对本班工作的总结

第三节　客运值班员岗位作业标准

客运值班员是班组的第一责任人，既担负落实本岗位作业标准的职责，也担负着监督管理本班其他作业人员落实岗位作业标准的职责。

1. 客运值班员一班作业流程

客运值班员岗位一班作业流程如图 4-8 所示。

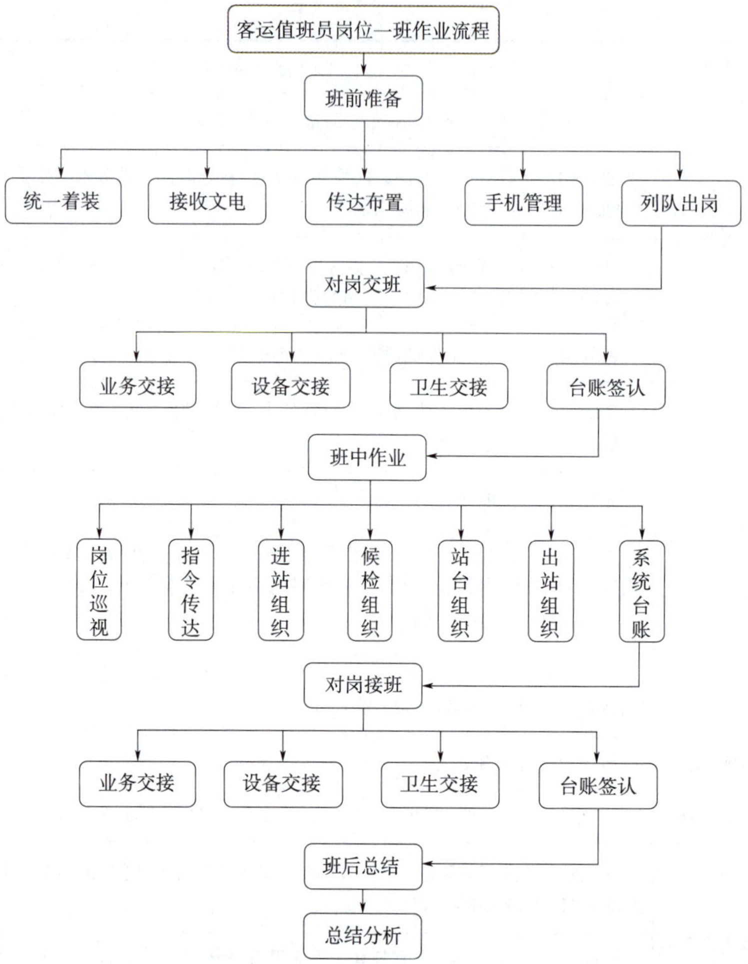

图 4-8　客运值班员岗位一班作业流程

2. 客运值班员作业标准

客运值班员作业标准见表 4-8。

表 4-8　客运值班员作业标准

作业阶段	作业项点	质量标准
班前准备	统一着装	穿着统一制服，佩戴职务标志和胸章牌。精神饱满，仪容整洁（女性淡妆上岗，男性头发干净整齐、颜色自然）
		检查班组人员着装，制服统一，佩戴胸章牌，仪容仪表、精神状态
	接收文电	查阅、摘录文件通知、调度命令、业务通知，做好签认
		掌握列车运行、客流动态、停运、临客开行计划等情况，明确作业关键和重点事项，开展工作预想
	传达布置	按时参加车间（站）点名会，听取重点工作布置
		组织召开班组点名会，传达调度命令、业务通知、上级指示和要求，布置当班工作重点、安全防范措施，安排岗位分工。落实班前业务学习、抽问

续上表

作业阶段	作业项点	质量标准
班前准备	手机管理	上岗作业前，对综控员手机进行集中管理，督促其他相关岗位客运员在作业过程中禁止使用手机
	列队出岗	带领班组列队，步伐一致，两人成排，三人成列，从指定线路进入各自作业岗位
对岗交班	业务交接	掌握客流动态，接清列车运行及其他重点事项
	设备交接	组织本班各岗位做好设备设施交接；对交接中发现的设备设施故障及时报告、报修、登记，并采取相应的应急措施
	卫生交接	本岗位作业区域环境卫生，物品摆放落实6S定置管理要求
	台账签认	交接完毕后签字确认
班中作业	岗位巡视	巡视检查各岗位执纪执标，督促、指导客运人员按标准作业。严格落实网格化巡查制度，对设施设备、卫生等做好巡视
	指令传达	传达班中上级下达的命令、指示、业务通知，检查落实情况
	进站组织	组织作业人员引导旅客通过自动检票机或人工通道完成实名制验证手续
		根据客流情况动态调整安检通道，组织人员加强进站口实名制验证工作，做到秩序良好，通道畅通
		对安检查危作业中引导、值机、手检、处置四个作业环节监督检查，督促岗位落实安检查危制度
	候检组织	督促客运员及时巡视、解答旅客咨询，正确及时处理遗失物品、妥善处置异常情况
		督促客运员提前上岗，清理通道，检查设备运行状态，按规定做好旅客安全宣传
		检票前，督促客运员组织旅客在"一米线"后有序排队，将重点旅客、不可自动识读证件的旅客，组织至人工通道口等候，做到旅客进站有序、不拥堵。组织客运人员落实电梯安全卡控
		督促客运员停止检票后，及时锁闭人工通道，防止旅客硬闯闸机。待列车启动，检票口车次下屏，方可撤岗
		落实进站道管理制度，防止闲杂人员进站
	站台组织	督促客运员提前上岗，巡视站台、接触网、股道等，检查广播系统、电梯、照明、动静态显示屏等设备设施状态。清理闲杂人员，清除障碍物，防止发生旅客或物品掉落站台，旅客穿越线路和钻爬车底等不安全因素
		迎送列车时，按规定位置立岗，足靠安全线，不侵入安全线外，面向列车方向目迎目送，以列车进入站台开始，开出站台为止
		检票放客时，电梯口、楼梯口、站台边等关键部位安排人员宣传、引导，做好防护，组织旅客按车厢位置排队上车
		列车停稳后组织旅客先下后上、有序乘降。在规定的车厢位置与列车长办理业务交接
		组织旅客上下车时，提醒旅客注意安全，关注站台两端，发现情况立即处置
		同一站台面有两趟列车同时作业时，有宣传，有引导，无误乘
		及时掌握旅客乘降、给水、卸污、行包(邮政)作业等情况，使用规定用语做好联控。客运作业完毕后，使用无线对讲设备通知相关人员
		铃响时，组织巡视站台，无漏乘
		列车开出后，组织清理站台，做到"一车一清"
		检查站台作业车辆(含移动小机具、小推车、垃圾车等)必须安装有制动装置，并实行编号管理
		检查、督促站台客运员落实客运电梯巡视和值守规定

续上表

作业阶段	作业项点	质量标准
班中作业	出站组织	组织客运员提前上岗，清理通道，检查广播系统、动静态显示屏、照明、电梯等设备运行状态
		掌握列车运行、客流情况，开足验票通道，保证秩序良好，通道畅通
		督促客运员妥善做好违章乘车旅客处理。对发生失信行为旅客，及时开启音视频记录仪，做好身份信息和相关证据的采集，必要时通知车站公安到场共同处置
		落实出站口通道管理制度，防止闲杂人员反向进站
		出站旅客聚集超过安全警示线时，组织客运员打开全部通道，引导旅客快速疏散，避免旅客积压和拥堵
	系统台账	做好规章、调度命令、文电资料的传阅、保管，及时修改相关规章，完整填记班组台账。对上级流转的投诉、重点旅客、遗失物品等工单做好签收、处理及反馈
对岗接班	业务交接	客流动态、列车运行及其他重点事项。遇交班时间正逢一次作业中时，须完成当次作业后交班
	设备交接	组织本班各岗位做好设备设施交接
		对交接中发现的设备设施故障及时报告、报修、登记，并采取相应的应急措施
	卫生交接	本岗位作业区域环境卫生，物品摆放落实 6S 定置管理要求
	台账签认	交接完毕后签字确认
班后总结	总结分析	交班后组织、参加班后总结会，点评当班工作情况。班中发生违章违纪的，按规定组织分析、明确责任，制定整改措施，落实整改

实作考核

各岗位作业标准和操作技能。

第五章　应 急 处 置

保证旅客运输安全，是铁路运输组织的基本原则，是客运工作优质服务的重要标志，是树立企业形象、提高运输市场竞争力的最有力措施。应急处置应做到反应迅速、分工到位、措施得当、信息畅通、密切配合、处置有效、顾全大局。

第一节　铁路旅客人身伤害及携带品损失处理

旅客运输事故的处理是铁路旅客运输不可缺少的一项工作，是做好铁路旅客运输服务的一项善后工作。旅客运输事故包括旅客人身伤害事故、旅客急病死亡事故、行包事故等。铁路车站客运人员应当掌握旅客运输事故处理方法，能够预防旅客运输事故的发生，一旦事故发生，能妥善处理，并将事故损失降到最低，将事故的不良影响降到最小。本章主要介绍铁路旅客人身伤害及携带品损失处理。

一、旅客人身伤害事故的定义

凡持有效车票的旅客，经检票口进站检票开始，至到达目的地出站检票完毕时止（持联程车票的旅客自出站至进站期间除外），在旅行中遭受到外来、剧烈、明显的意外伤害事故以及铁路运输企业的过错，致使旅客人身受到伤害甚至死亡、残废或丧失身体机能者，均属旅客人身伤害事故。

二、旅客人身伤害事故的种类及等级

1. 种类

旅客人身伤害按其程度分为以下三种：

（1）轻伤。伤害程度不及重伤者。

（2）重伤。肢体残废、容貌毁损，视觉、听觉丧失及器官功能丧失。具体参照司法部颁发的《人体重伤鉴定标准》。

（3）死亡。

2. 等级

旅客人身伤害事故分为以下六种等级：

(1)轻伤事故,是指只有轻伤没有重伤和死亡的事故。

(2)重伤事故,是指有重伤没有死亡的事故。

(3)一般伤亡事故,是指一次造成死亡 1~2 人的事故。

(4)重大伤亡事,是指一次死亡 3~9 人的事故。

(5)特大伤亡事故,是指一次死亡 10~29 人的事故。

(6)特别重大伤亡事故,是指一次死亡 30 人以上的事故。

三、责任划分

铁路旅客人身伤害事故责任分为旅客自身责任、铁路运输企业责任、第三人责任及其他责任。

1. 旅客自身责任

旅客违反铁路安全规定,不听从铁路工作人员引导、劝阻等违法违章行为或其他自身原因造成的伤害,属于旅客自身责任。

2. 铁路运输企业责任

铁路运输企业责任分为客运部门责任和行车等其他部门责任。客运部门责任分为车站责任和列车责任。

(1)有下列情形之一的,属于车站责任:

①旅客持票进站或下车后在检票口以内因组织不当造成伤害的。

②车站引导标识缺失或不准确,误导旅客造成其人身伤害的。

③车站设备、设施不良造成旅客人身伤害的。

④车站在停止检票后继续检票放行或检票放行时间不足,致使旅客抢上列车造成人身伤害的。

⑤车站组织不当造成旅客上车时发生人身伤害的。

⑥车站客运工作人员违章作业、过失造成旅客人身伤害的。

⑦有理由认定属于车站责任的。

(2)有下列情形之一的,属于列车责任:

①车门漏锁致使旅客坠车造成人身伤害的。

②列车工作人员过错致使旅客误下车、背门下车、在不办理乘降的车站(包括区间停车)下车、列车运行中开启车门造成人身伤害的。

③列车组织不当或列车工作人员违反作业标准,导致旅客乘降时造成人身伤害的。

④列车客运工作人员对设备管理不善造成旅客人身伤害的。

⑤列车客运工作人员违章作业、过失造成旅客人身伤害的。

⑥有理由认定属于列车责任的。

3. 第三人责任

由旅客和铁路运输企业合同双方以外的人给旅客造成的人身伤害，属第三人责任。

4. 其他责任

非上述三种责任造成的旅客人身伤害，属于其他责任。

四、现场处理

1. 处理流程

(1)车站发生旅客人身伤害时，站车工作人员应当到场查看旅客伤害情况，报告站长组织救护，稳定人员情绪，维护现场秩序。

(2)因旅客伤害需交车站处理时，应移交前方县、市所在地车站或者当地具备公共医疗条件的停车站。需要提前报告运行所在铁路局集团公司客运调度时，由客运调度通知车站做好救护准备工作。

旅客不同意在规定的停车站下车处理时，应当由旅客出具拒绝下车治疗的书面声明，并按照规定收集两份及以上的证人证言。

(3)列车因旅客伤害严重需紧急停车处理或发生3人以上疑似食物中毒的，应立即报告运行所在铁路局集团公司客运调度。接到报告后，客运调度应当立即根据列车长提出的要求，通知有关车站及值班主任(列车调度员)，需要停车处理的停车处理，并报告本局客运部门。

(4)列车发现旅客在区间坠车时应当立即停车，查看旅客伤情，报告列车长，并通知就近车站或将受伤旅客移交就近车站。

(5)车站对本站发生的及列车移交的伤害旅客，应当及时联系当地医疗急救机构或送就近医院抢救。发生医疗费用时，应当根据对责任的初步判断，属于旅客自身责任或第三人责任的，由旅客或第三人支付医疗费用。暂不能区分责任或者责任人不明、无力承担的，经处理站站长或者车务段段长批准，可用站进款垫付。动用站进款时，填写或补填“运输收入进款动支凭证(财收—29)”，10日内由核算站或车务段财务拨款归还。

(6)受伤旅客经现场抢救无效死亡，或对站内、区间发现的旅客尸体，经医疗部门或公安机关确认死亡，公安机关现场勘查结束后，车站应当转送殡仪馆存放(在此之前，车站应将尸体转移至适当地点并派人看守)，并尽快通知其家属。尸体存放原则上不超过10日。死者身份不清且在地(市)级以上报纸刊登寻人启事后10日仍无人认领的，应当根据铁路公安机关书面意见处理尸体；系不法侵害所致的，应当根据铁路公安机关书面意见并商死者家属意见处理尸体。

对死者的车票、衣物、随身携带物品等应当妥善保管，并于善后处理时一并转交其继承人；死者身份不明或者家属拒绝到站处理的，按无法交付的物品处理。

外国人在铁路站车死亡的按照《关于转发〈民政部、外交部、公安部关于外国人在华死亡后处理程序有关问题的实施意见〉的通知》处理。

(7)发生旅客人身伤害、需要保护现场时，应当及时采取措施保护现场，禁止与救援、调查无关的人员进入。必要时，可请求地方政府协助。

(8)发生旅客人身伤害后，站长应当及时组织现场查验，全面搜集、梳理相关证据资料，检查旅客所持车票的票种、票号、发到站、车次、有效期及有效身份证件信息等，描绘现场旅客定位图，收集不少于两份同行人或见证人的证言及查验记录、现场照片、录像等其他相关证据，形成比较完整的证据链，能够证明发生的过程和原因，初步明确性质，并妥善保管。

旅客或第三人能够说明事件发生经过或责任的，应当由其出具书面材料，并签字确认。涉及违法犯罪或者旅客死亡的，由铁路公安机关组织进行现场勘查。

证人应当具有完全民事行为能力。证人证言中应当记录证人的姓名、性别、年龄、地址、联系方式、有效身份证件信息等内容。有医务工作人员参加救治时，应当由其出具参与救治经过的证言。证言、证据应当真实，能够反映发生的时间、地点、过程、原因和结果。

(9)列车向车站移交伤害旅客时，车站不得拒绝接收。办理移交手续时，列车应当编制客运记录和旅客携带物品清单一式两份，一份由列车存查，一份连同车票、证明材料、相关证人或其联系方式等一并移交。客运记录应载明日期、车次，旅客姓名、性别、年龄、国籍、民族、职业、单位、有效身份证件号码、联系方式、住址，车票种类、号码、发站、到站、车厢、席位，受伤地点、受伤原因、受伤部位，处理简况以及证据材料清单等内容。因时间来不及记明前述内容时，可在客运记录中简要记明日期、车次、下交原因，并必须在3日内向处理单位补交有关材料。特殊情况来不及编制客运记录时，列车长或其指定的专人应随同伤害旅客下车办理交接。涉及第三人时，应将第三人同时交站处理。

对已经控制的违法、犯罪嫌疑人，应当及时移交车站铁路公安派出所。

(10)在站内或区间线路上发现有坠车旅客时，发现或接到通知的车站应当迅速通报有关列车。有关列车接到通报后，应当立即调查，并按规定收集相关证据材料及旅客携带物品，向处理单位移交。

(11)对下列情形造成的旅客人身伤害应当立即向铁路公安机关报警：

①杀人、抢劫、抢夺、强奸、爆炸、纵火、绑架、结伙斗殴、寻衅滋事、故意伤害、击打列

车、故意损毁、移动站车设备等违法犯罪行为。

②散布谣言、谎报险情、疫情、警情、扬言放火、爆炸、投放危险物质，或者非法阻拦行车、堵塞通道等，引起公共秩序混乱。

③火灾、爆炸、中毒等治安灾害事故。

④精神异常旅客肇事肇祸，醉酒滋事行为。

⑤自然灾害。

⑥铁路设备、设施故障造成的事故。

(12)发生旅客人身伤害及携带品损失且有下列情形之一的，应当及时通知铁路公安机关：

①应当控制、约束违法犯罪嫌疑人和扣押相关涉案物品的。

②应当保护现场、维持秩序、协同救助的。

③应当由铁路公安机关介入调查、获取证据、查明原因的。

④引发治安纠纷或者酿成群体性事件并影响站车秩序的，应当及时处置的。

⑤造成旅客死亡的。

2. 事故通报

车站、列车发生旅客人身伤害时，可用电话向所在单位或上级主管部门报告概况；但发生重伤以上旅客人身伤害时，应在第一时间以短信的方式向所属铁路局集团公司主管部门报告，随后向有关铁路局集团公司主管部门拍发速报。报告(含速报)内容主要包括：

(1)发生日期、时间、车次、地点、车站、区间里程。

(2)伤亡旅客的姓名、性别、年龄、国籍、民族、职业、单位、有效身份证件号码、联系方式、住址以及车票种类、号码、发站、到站、车厢、席位等基本情况。

(3)发生经过、旅客伤亡及现场处理简况。

五、善后处理

发生旅客人身伤害事故后，发生地车站(车务段)或处理站(车务段)应当组织发生单位、车站铁路公安派出所及相关单位成立善后处理工作组(以下简称工作组)。必要时，由发生地或处理站所在地铁路局集团公司组织。

1. 办理受伤旅客的就医、食宿等事宜。

2. 收集相关资料，建立案卷。案卷中应有客运记录、证人证言、车票、医院证明、现场照片或图示、寻人启事及铁路公安机关处理尸体意见等材料。铁路公安机关制作有现场勘验笔录、法医鉴定结论的，在不影响案件办理的情况下，可以收集存入案卷。

3. 核查伤亡旅客身份,通知其家属或发布寻人启事。

4. 处理旅客遗留物品或死亡旅客遗体。

5. 向旅客或其继承人、代理人通报有关情况,协商处理善后事宜。

6. 其他与善后处理有关的事宜。

受伤旅客临床治疗结束或死亡旅客遗体处理完毕,工作组应当根据铁路安全监督管理办公室对责任确定情况,核实各项费用及授权委托书、亲属关系证明等有关证明后,涉及铁路运输企业责任的,尽快按有关法律规定与旅客或其继承人、代理人协商办理赔付。

旅客受伤需治疗时,医疗费用应根据实际产生或后续治疗需要,凭治疗医院单据或建议核定。旅客需转院治疗时,应与处理单位协商一致,并经治疗医院同意。

残疾赔偿金应根据有关鉴定机构出具的旅客人体损伤残疾程度鉴定意见,或者根据旅客受伤程度,比照有关人体损伤残疾程度鉴定标准所对应的残疾等级,按照有关标准计算。

因处理事故需要发生的其他费用(如看尸、验尸、现场勘验、寻人启事等与处理直接有关的支出)一并在处理费中列支并在处理报告上列明。

根据责任确定情况,处理旅客人身伤害所发生的赔偿金及其他费用,由责任单位承担;无法确定责任单位的,由发生单位承担。

对伤亡旅客的赔偿一般应当于治疗结束或尸体处理完毕后进行。由旅客或其继承人、代理人(代理人应当出具被代理人的书面授权书)提出赔偿要求,并出具治疗医院的证明,作为处理站办理赔偿、确定给付赔偿金数额的依据。

工作组接到赔偿要求后,应当尽快与旅客或其继承人、代理人协商办理赔偿。办理赔付时,编制"铁路旅客人身伤害及携带品损失最终处理协议书",如图 5-1 所示。经各方确认、签字或加盖处理单位公章后,将赔偿金依据法定顺位支付给旅客或其继承人、代理人,旅客或其继承人、代理人出具收据交处理单位。同时,开具"铁路旅客人身伤害及携带品损失赔付通知书",及时将赔偿金支付给旅客或其继承人、代理人。

需向责任单位或发生单位转账时,由处理单位所属铁路局集团公司财务部门开具"转账通知书",连同"铁路旅客人身伤害及携带品损失最终处理协议书"转送责任单位或发生单位所属铁路局集团公司财务部门。

责任单位或发生单位所属铁路局集团公司财务部门应当在收到"转账通知书"等材料次日起 30 日内将费用转拨至处理单位所属铁路局集团公司;超过 30 日的,每超过 1 日,按应付费用的 0.5%支付滞纳金。

铁路旅客人身伤害及携带品损失最终处理协议书

NO. ______________

一、旅客基本情况

姓名：______________________________身份证件号码：______________________________

性别：____________年龄：____________职业：______________电话：________________

住址：____

二、车票情况

号码：____日期：__________________________

车次：_____________发站：_____________到站：_____________席位：______________

三、发生情况

日期、时间、车次：____

地点、车站、区间：____

四、旅客人身伤害及携带品损失发生经过、救治及善后处理简要情况

____

____

____

五、处理意见

____

____

____

六、协议人签字

旅客签字：__________________________　　　　处理单位（章）

代理人签字：________________________

身份证号码：________________________

联系电话：__________________________

日　　期：________年________月________日　　　　________年________月________日

第三人签字：________________________

代理人签字：________________________

身份证号码：________________________

联系电话：__________________________

日　　期：________年________月________日

发生（责任）单位代理人签字：__________________

职　　务：__________________________

联系电话：__________________________

日　　期：________年________月________日

注：本协议由处理单位填写，一式五份；一份报铁路局集团公司主管部门，一份转铁路局集团公司财务部门，处理单位、责任（发生）单位、旅客或家属各一份。

图 5-1　铁路旅客人身伤害及携带品损失最终处理协议书

第二节 非正常情况应急处置

铁路非正常情况下的应急处置工作要坚持“以人为本,生命至上”的原则,各专业、各岗位人员要忠于职守,严格履行岗位职责,做到有担当、有作为,最大限度保护人民群众生命财产安全。

一、车站发生火灾、爆炸事故

车站发生火灾或爆炸时应严格遵循“现场确认、立即报告、疏散旅客、迅速扑救、切断电源、抢救伤员、保护现场”的原则,做好相关应急处置工作。

1. 现场确认。车站工作人员发现或接到旅客反映站内(含停留动车组列车)发生爆炸、明火、冒烟或消防设施报警时,应立即现场确认。

2. 立即报告。车站工作人员现场确认后应立即向消防控制室及车站(值班)干部报告,根据火情拨打 119 火警电话,并报告公安部门。同时向客运(客服)调度员报告,视火灾情况请求站区接触网停电。

3. 疏散旅客。车站工作人员要做好对旅客的宣传和引导,稳定旅客情绪,做好重点旅客帮扶工作。根据火灾或爆炸区域,确认火灾报警联动控制,及时播放消防疏散广播,打开全部(或指定位置)进出站检(验)票机闸门和应急疏散出口,组织旅客按就近线路,有序疏散到站外安全区域。

4. 迅速扑救。车站工作人员应迅速切断车站火灾、爆炸区域的电源,防止火势蔓延。同时取用配备的灭火器材进行扑救。消防部门到达后,工作人员要配合消防部门,协助做好灭火和救援工作。

5. 切断电源。使用消防栓时,按需对站区接触网进行停电,并采取接地措施。

6. 抢救伤员。遇有旅客受伤,车站工作人员应立即采取抢救措施,做好受伤旅客紧急救护工作。

7. 保护现场。协助公安人员维持现场秩序,保护事故现场,积极配合调查取证。

二、站内动车组列车换乘

在站内组织故障动车组列车旅客换乘时,应优先安排在同一站台面的两侧站台进行同站换乘。不能在同一站台面换乘时,应组织旅客通过天桥或地道进行换乘,严禁横越股道换乘。

1. 故障动车组列车列车长与换乘站联系确认后,通知司机打开车门,提醒旅客携带好随身携带品有序下车。换乘站应加派作业人员,做好换乘组织工作。换乘动车组列车到达前，必要时可组织旅客到车站候车区域等候换乘动车组列车。

2. 同站台面组织旅客换乘时，车站应增派人员，负责进行宣传引导。不同站台面组织旅客换乘时，换乘流线应尽量避开人流密集区域，由专人引导，上下电梯有专人防护，走行路线途中有车站工作人员进行接续引导，保证换乘秩序和旅客乘降安全。

3. 遇车型变动，由列车始发局客票管理所做好新车底席位生成、售出席位调整等工作。因临时更换车底定员不足导致部分旅客无席位时，应提前向旅客说明情况，引导旅客办理改签或退票。站车应做好坚持旅行旅客的交接，列车餐车有席位的，列车长应优先将无席位调整旅客安排在餐车席位。导致旅客席位由高等级调整至低等级时，由列车长编制客运记录，铁路部门为旅客办理退差手续，旅客席位由低等级调整至高等级时，不补收票价差额。

4. 旅客换乘完毕后，故障动车组列车乘务人员应做好车厢巡视检查，按规定处理遗失物品。站车应加强配合，共同做好旅客的宣传引导、席位安排、服务等工作。

5. 遇故障动车组列车装载高铁快运集装件时，有换乘条件的组织换乘，无换乘条件的做好集装件看管和交接。

三、动车组列车超员影响运行

1. 动车组列车超员影响运行时，列车应停止办理无票、越站补票业务，向运行所在局客运（客服）调度员报告，并立即通过客运管理信息系统通知相关车站。对停止车补业务的动车组列车，前方各办客站停止本次列车车票发售，并加大出站口旅客车票查堵，对查出的无票旅客按规定补票并加收票款。

2. 站车单位要加强动车组列车超员信息预判，运用站车交互设备对重点时段、重点车次客流情况进行梳理，提前掌握重点车厢位置，做好关键卡控。

3. 车站接到动车组列车超员报警信息后，站车会同公安部门共同宣传组织无票、越站旅客下车，处置完毕后，由随车机械师确认报警消除后通知司机。

4. 站车对拒绝下车或强行闯闸、强行上车人员应进行说服劝离，对强占列车、车辆，扰乱站车运输秩序，危害铁路运输安全的应配合公安部门依法处置。

四、旅客及携带品、作业车辆坠入股道

1. 车站工作人员发现或接到报告旅客及携带品、作业车辆等坠入股道时，严禁任何人员擅自进入股道处置。

2. 危及行车或人身安全时，车站工作人员应立即根据影响范围呼叫司机停车或不得起动，同时向列车调度员（车站值班员）报告，由列车调度员（车站值班员）根据影响范围扣停列车、命令区间运行的列车停车或限速运行。遇情况紧急呼叫司机未回应，车站

工作人员应立即赶赴来车方向采取手信号等措施先行拦停列车，如图 5-2 所示。

图 5-2　手信号示意

3. 暂不危及行车和人身安全时，车站工作人员应立即报告车站值班干部，车站值班干部及时赶赴现场了解情况，组织人员妥善处理。

4. 按照“先防护，后处理”的原则处置，接到列车调度员（车站值班员）扣停列车等措施的通知后，车站组织人员使用专用工具处置或下道处置。

5. 紧急事件处理完毕后，车站工作人员通知司机处置完毕，司机按规定程序开车。

6. 车站应做好处置过程音视频记录仪及视频监控信息的证据保存、取证等工作，对故意肇事或拒绝配合的人员交由公安部门处置。

五、站台紧急停车

1. 动车组列车停站或初起动，客运人员如发现危及旅客或行车安全的情况时，应立即呼叫司机停车。呼叫用语为“××次司机，请立即停车××站客运值班员（客运员）报告”。

2. 司机在接到紧急呼叫时，如列车未动车则不起动，如列车已起动要立即停车，同时应答呼叫者“××次司机明白”，停车后呼叫者告知司机停车事由。司机将相关情况立即报告车站值班员（列车调度员），车站值班员报告列车调度员、值班干部，值班干部根据现场情况组织相关人员及时到场，做好应急处置。

3. 紧急事件处理完毕后，呼叫者通知列车长，列车长与车站客运值班员共同确认后通知司机紧急事件处置完毕，同时按规定程序通知司机关闭车门，司机报告车站值班员（列车调度员），按规定程序开车。

六、动车组列车未完全停靠站台

（一）动车组列车因故未到动车组列车停车位置标停车

1. 办理客运作业的动车组列车因故未到动车组列车停车位置标停车导致未完全停靠站台时，司机不得集控开门，不得擅自移动。司机应立即通知列车长、随车机械师，并报告列车调度员（车站值班员）。

2. 列车长通知车站客运值班员（客运员），客运值班员（客运员）确认站台安全后通知列车长，列车长通知司机重新对标停车。

3. 若列车无法再行移动时，司机通知列车长、随车机械师，列车长组织列车员或随车机械师手动打开已停靠站台侧车厢的车门，站车配合共同做好旅客乘降组织。

（二）动车组列车因故越过动车组列车停车位置标停车

1. 办理客运作业的动车组列车因故越过动车组列车停车位置标停车导致未完全停靠站台时，司机不得集控开门、不得擅自移动。司机应立即通知列车长、随车机械师，并报告列车调度员（车站值班员）。

2. 经检查确认列车部分车厢停靠站台时，列车长组织列车员或随车机械师手动打开已停靠站台侧车厢的车门组织乘降。

3. 如需重新对标停车时，列车长通知车站客运值班员（客运员），客运值班员（客运员）确认站台安全后通知列车长，列车长通知司机，司机报告列车调度员（车站值班员），经列车调度员（车站值班员）同意后，采取退行或换端方式办理。

七、恶劣天气影响运行

因恶劣天气（含暴雨、大雾、大雪、冰雹、台风等）造成动车组列车晚点 15 分钟及以上时，铁路局集团公司 12306 客户服务中心、站车工作人员应通过多种方式查询相关晚点信息，掌握现场情况，及时做好旅客公告。

1. 车站应及时公告旅客列车受影响情况，在售票厅、候车室、服务台等服务处所做好旅客宣传和服务工作。

2. 车站引导旅客合理调整出行方案，为旅客办理退票、改签等手续，并引导旅客利用线上渠道办理。

3. 车站应根据调令或客运（客服）调度员安排，及时为旅客列车提供餐食和饮用水，并提前运至站台列车餐车车厢位置处，重联动车组列车应分别运至前后联列车餐车车厢位置。

4. 客运部门配合公安部门维护好车站治安秩序。

八、列车停运、中途折返

旅客列车停运时，相关客运车站应积极采取有效措施，及时疏散滞留旅客，防止发生拥挤、踩踏等事件发生，做好宣传解释、服务保障和秩序维护工作。

(一)列车停运取消运行

1. 宣传引导。车站接到旅客列车停运取消运行的客调命令后，积极做好解释引导工作，利用广播系统、电子导向等及时将旅客列车停运等信息向旅客公告。各岗位工作人员要耐心解答旅客问讯，认真做好服务工作，安抚滞留旅客情绪。

2. 售票组织。提前掌握停运列车旅客去向和售票张数，迅速增开退票、改签窗口，及时为旅客办理有关改签、退票等相关业务。售票值班窗口要认真做好旅客问询解答工作，处理售票厅应急突发状况。

3. 秩序维护。根据车站实际和旅客滞留情况，加强进站人流控制，强化通道口、候车室、站台、天桥、地道等相关安全关键的卡控，加岗引导，防止旅客对流发生挤伤、踩伤。同时，应做好检票口秩序维护，组织旅客有序排队，引导停运列车旅客进行退票。

4. 对外宣传。充分借助社会媒体资源，积极与社会媒体联系，及时将车站有关售、退票和列车停运等相关信息向社会通报，主动引导旅客合理调整出行方案和计划，缓解车站压力。

5. 旅客列车全程停运，自客票系统列车停运调令生效之时起至所购车票乘车日期后 30 日内(含当日)，旅客可通过 12306 网站(含铁路 12306 移动端)，或前往任意车站人工窗口、具有退票功能的自助票务终端，办理停运列车车票退票，不收取退票费。

(二)列车中途折返

1. 广播宣传。通过站车广播向旅客通报列车停运情况，代表铁路运输企业向旅客致以歉意，争取旅客的理解和支持。

2. 保障秩序。主动了解旅客困难，尽力帮助解决，稳定旅客情绪。遇情绪过激旅客时，做好规劝工作，并利用视频记录仪做好证据收集。

3. 相关车站应运用检票系统新增“折返”功能及时调整折返列车的出站检票计划，检票时限(含补检)不晚于折返列车到达本站后 24 小时。

4. 旅客列车开车后需折返运行时，自客票系统列车折返调令生效之时起至所购车票乘车日期后 30 日内(含当日)，旅客下车后可通过 12306 网站或前往任意车站人工窗口，办理折返列车已收票价与已乘区间票价差额退还手续，不收取退票费。如车票有下车站出站检票记录的，则已乘区间按车票发站至下车站计算；如旅客车票无出站检票记录，则已乘区间按车票发站至折返站计算。列车折返时，旅客下车出站未检票，直接到下车站人工窗口办理退票，车站能够判明旅客实际下车站时，可比照有出站检票记录，已乘区间按车票发站至下车站计算。

九、车站旅客滞留

因突发事件引发的客运车站旅客大量滞留，在处置过程要确保旅客人身安全，维护旅客候车秩序，提供旅客基本服务，改善旅客出行体验，有序高效应对旅客大量滞留。

1. 信息汇报。车站发生旅客滞留时，车站值班领导应及时向上级主管部门报告，报告内容应包含旅客滞留、站车秩序、设备状态等情况以及采取的相应组织措施。

2. 宣传引导。车站应利用广播系统、电子导向等设备及时将列车晚点、售票情况、车站措施及注意事项等信息向旅客公告。充分借助社会媒体资源，积极与社会媒体联系，及时将车站有关信息向社会进行预告，引导旅客合理调整出行方案，为旅客办理退票、改签等手续，并引导旅客利用线上渠道办理，并做好耐心解释工作。

3. 疏散旅客。车站要采取分散候车措施，充分利用车站候车空间，以满足旅客候车休息需要。积极采取提前预检、专人带队、分批乘车的办法，组织旅客有序乘车。车站根据实际需要，积极采取租借场地、启用应急场所等措施，以方便滞留旅客休息。加强站车配合，必要时，利用站台停留的旅客列车提前放客，“以车代候”缓解候车压力。

4. 候车组织。车站要加强进站通道管理，严格执行实名制验票制度，防止无票人员进站上车。根据车站候车条件的实际和旅客滞留情况，加强进站人流控制，及时调整候车布局、进站流线、候车和检票时间，采取错峰候车等不同措施，保持站内候车秩序。对加开的临客列车，要加强站台乘降组织力量，有条件的要配合列车做好“双开门”作业，确保旅客快上快下。

5. 售票组织。车站应根据列车调整方案和临客开行计划，强化售票组织措施，采取增开售票、退票、改签窗口等措施，及时疏散票厅内积压旅客。售票员要认真做好旅客问询解答工作，及时为旅客办理相关业务。售票窗口要及时准备足量的备用现金，为旅客办理退票手续，利用12306晚点退票功能，引导旅客线上自助办理退票。

6. 秩序维护。车站应加强与公安部门联系，及时通报滞留旅客情况，加强车站秩序维护力量。组织人员在车站旅客密集场所(如通道、电梯、楼梯、地道口等旅客通道处)增加人员，加岗引导，防止旅客对流发生挤伤、踩伤等事故。加强车站巡视检查，及时清理站内闲杂人员，保证滞留旅客车站治安秩序稳定良好。必要时请求地方政府、武警支援。

7. 后勤保障。车站应加强列车上水吸污、饮食供应、餐料补充工作，并提前运至站台列车餐车车厢位置处，填写“动车组列车应急食品交接单”(图5-3)。重联动车组列车应分别运至前后联列车餐车车厢位置，保证长时间晚点列车的正常供给。耐心做好旅客的安抚工作，稳定旅客情绪。

动车组列车应急饮食品交接单

甲联

日期：　　　年　　月　　日　　　　　单位名称：

时间		车次		车站	
序号	饮食品种类		单价(元)	实际数量	合计金额(元)
段　　列车长(签章)			站　　组(签章)		
备注					

注：1. 此交接单由饮食品供应车站提供。

2. 一式4份，甲联由车站作为费用清算依据(与其他铁路局集团公司客运段清算时，汇总报铁路局集团公司客运部)，乙联由车站留存。丙联由客运段汇总后报铁路局集团公司客运部，丁联由客运段留存。

图5-3　应急食品交接单

十、动车组列车在客运办理站滞留期间临时开门

1. 动车组列车在客运办理站长时间滞留时，遇应急供餐、下交疾病旅客或旅客提出取消行程等紧急情况需临时开启车时，列车长及时与司机、随车机械师沟通，视情况做出打开车门决定并明确开门位置，通知司机转报列车调度员(车站值班员)，同时通知车站客运值班员(客运员)开门决定及开门位置。动车组列车重联时，由前组列车长负责。

2. 车站接到列车长开门决定及开门位置通知后，客运值班员(客运员)提前到达站台指定开门位置。列车长组织列车员或随车机械师手动打开指定位置车门，列车乘务人员做好开门处的秩序维护及盯控，防止其他旅客下车。滞留站站台为低站台时，列车使用安全渡板搭设至站台，组织旅客乘降，站车工作人员做好旅客安全防护，并做好旅客下车后的接续处置。列车长确认下车人数，做好站车交接。

3. 餐食配送完成或旅客乘降完毕后，列车长组织列车员或随车机械师手动关闭车门，并由列车长通报司机、随车机械师，同时通知车站客运值班员(客运员)，司机同时转报列车调度员(车站值班员)。

十一、车站发生大面积停电

车站发生大面积停电，车站工作人员应遵循“预防为主、统一指挥、分工负责、安全第一”的基本原则，做到听从指挥、遵守纪律、明确分工、各尽其责，保证应急处置工作高效、快速、有序地进行，快速恢复铁路运输秩序。

1. 车站发生大面积停电时，应立即通知值班干部、公安，及时掌握进站口、候车室客流动态，做好各关键区域人员安排。在进站口、检票口、楼梯口、天桥、地道等重点部位加强宣传引导。加强与行车部门的联系，结合日班计划和列车运行情况，做好旅客乘降组织。

2. 实名制岗位引导旅客由人工通道验证进站，增开人工实名制验证通道。

3. 安检人员做好宣传解释，合理控制放行速度，采用人工开包的方式，结合手持金属探测仪做好旅客携带品的检查。开包检查时原则上应由旅客自行开包或出示携带物品，结合手持金属探测仪加强对箱（包）重点部位检查。

4. 检票口利用应急车次牌做好候检车次的公告，使用扩音器加大宣传力度，加强与综控和站台客运员的联控，根据列车开行情况有序组织检票，加强开停检的宣传；检票时核验旅客购票信息及乘车身份证件是否一致，防止非本次列车旅客上车。

5. 站台加强与检票口、列车长联控，开车提示铃使用口笛代替，同一站台有两趟列车同时作业时，加强车次宣传，避免旅客上错列车。

6. 车站闸机断电时闸门会自动打开或进入自由状态，可通过人工操作控制开关关闭闸门，有条件的使用软隔离等设施封闭闸机通道。同时加强通道管理，防止闲杂人员自出站口反向进站。

7. 对重点旅客做好照顾，及时提供帮助，保障重点旅客进出站畅通，为重点旅客提供上下楼梯专人服务。

8. 加强对电梯等设备设施状态的检查，电梯困人时，及时通知维保单位处理。供电恢复后，通知各岗位检查设备设施状态，配合维保部门做好电梯巡视检查。处置过程中提醒各岗位开启音视频记录仪，记录作业全过程。

十二、客运电梯故障

1. 车站工作人员发现或接到客运电梯运行异常报告后，应立即停止使用电梯，按规定做好防护并及时通知电梯维保人员。车站应引导旅客使用步梯或其他正常运转的电梯，并对重点旅客给予帮助。

2. 车站工作人员发现或接到旅客被困电梯轿厢内的报告后，应通过紧急呼叫装置做好被困旅客的安抚和安全提示，并立即通知电梯维保人员到场处置。

3. 自动扶梯或自动人行步道发生意外情况时，车站工作人员应立即按动红色紧急停止按钮，并做好自动扶梯（或人行步道）旅客宣传、引导、疏散，对受伤旅客及时组织救治。

4. 客运电梯发生故障或者存在安全隐患时，车站应做好警戒，控制电梯操作区域，严禁无关人员进入，组织维保单位进行全面检查，客运电梯经排除故障、消除隐患后，方可继续使用。需停用时间超过24小时以上的，车站应做好对外公告。

十三、车站广播系统故障

车站广播系统故障时需要客运人员坚守岗位，做好引导，加强候车室巡视，利用手提喇叭宣传告知旅客车次情况。

1. 立即报告。遇车站广播系统故障时，客运人员应立即报告车站综控室，由综控室向车站领导报告，并通知维修部门进行维修。

2. 切换广播。综控室操作人员应将广播切换至人工模式，按照广播内容顺序进行人工广播，做到不缺项、不遗漏、不错播。

3. 应急喇叭。车站要充分利用客运导向揭示、手提喇叭等工具，及时向旅客通报列车运行、到发及候车室、站台安排情况。

4. 宣传引导。车站领导要现场把控，客运人员要坚守岗位，同时抽调人力对进站大厅、旅客集散区、售票厅、候车室、进出站口、通道、站台等处加强宣传，确保旅客正确候车、有序乘降。

十四、车站引导系统故障

车站引导系统故障时需要客运人员坚守岗位，做好引导，加强候车室巡视，利用车次揭示牌、喇叭等应急设备告知旅客车次情况。

1. 立即报告。遇车站引导系统故障时，客运人员应立即报告车站综控室，由综控室向车站领导报告，并通知维修部门进行维修。

2. 广播监控。综控室应将影响车次的候车、进路等信息及时通知车站（各代管站）作业岗位。加强远程监控和广播宣传，正确引导旅客购票、进出站、上下车。

3. 宣传引导。车站应及时抽调人力在候车大厅设立引导岗位，引导旅客正确候车，加强检票进站的引导宣传。在地道或天桥处设置临时引导标识，在检票口、天桥、站台等增加引导力量，引导旅客进站上车。

4. 应急揭示。车站候车室、进站口、进站厅、天桥口、地道口、站台应使用其他形式的车次揭示牌，做好引导工作，确保旅客正常候车和乘降秩序。

十五、客运车站接触网断线

1. 车站发现或接到站内接触网断线报告时，应立报告列车调度员(车站值班员)和铁路局集团公司相关部门。

2. 车站工作人员应迅速赶到事发地，在断线地点周围设置安全警戒区，确保人员及携带物品远离断线地点10米以外。

3. 同时通知设备管理部门或单位，由设备管理部门或单位进行抢修处理。

4. 在牵引供电设备检修人员到达未采取安全措施以前，任何人员均应距已断线索或异物处所10米以外，并要专人防护，设"有电危险""切勿靠近"临时移动警示牌，严禁进入断线落点或异物处10米范围内，如有人已在此范围内时，应使双脚并拢或单脚(不能换脚)跳离此范围，以防止跨步电压伤人。

十六、电气化区段发生人员攀爬车顶

1. 站车客运工作人员发现人员攀爬车顶，应立即报告客运值班员。

2. 客运值班员接到站台客运人员或其他人员有关人员攀爬车顶的报告后，应立即赶到相关车厢区域，核实情况。需接触网停电处理时，应立即报告车站值班员，并讲明是否需登顶处理，同时向车站公安和值班干部报告。报告时，应具体说明车次、站台、攀爬人数及车厢位置等内容。

3. 现场工作人员应加强站台秩序维护，避免站台旅客集中围观。同时，工作人员应告知车顶人员不要站立。

4. 车站值班干部接到通知后，应迅速赶到现场，负责指挥现场处置，并按上海局集团公司《普速铁路行车组织规则》规定执行。需登顶处理时，现场处理人员必须在得到车站值班员"××接触网已停电并接地"(非登顶处理)、"××接触网已停电并接地，准许登顶作业"(登顶处理)的电话通知或书面通知后，方可通知公安人员进行登顶处理。现场处理人员接到通知时应复诵或签名。

5. 现场处置完成后，现场处理人员应通过具备录音装置的通信设备通知车站值班员，用语为"车顶扒乘人员突发情况已处理完毕，现场处理人员已撤离"。

无法使用具备录音装置的通信设备通知车站值班员时，现场处理人员应在接收的调度命令纸上注明"车顶扒乘人员突发情况已处理完毕，现场处理人员已撤离"，并签名，将调度命令纸交给车站值班员指定的胜任人员。调度命令纸留存一个月。

6. 攀爬车顶人员被劝解下来后，应由车站公安人员对其进行相应的调查处理。

7. 如攀爬车顶人员在接触网停电前，被高压电击伤、击落，车站应及时通知120救护中心进行抢救。

十七、动车组列车以外的旅客列车压簧或行李车超偏载

车站发生动车组列车以外的旅客列车压簧或行李车超偏载时，组织相关人员进行旅客或货物的疏散等。

（一）弹簧压死的处置

1. 站车客运工作人员在接到车辆检车人员有关旅客列车压簧的通知后，应立即赶到相关车厢。列车长应立即通知车站客运值班员。

2. 车站客运值班员应及时向车站值班员、车站值班干部报告，影响旅客列车正点运行的还应向铁路局集团公司客运调度报告。

3. 车站值班干部接到通知后，应及时到现场指挥处置。站车客运工作人员要共同配合，迅速将压簧车厢旅客组织到其他车厢或安排换乘其他列车。

4. 旅客疏解结束后，经车辆检车人员确认，列车弹簧、车钩恢复正常状态，车站客运值班员应向车站值班员报告，尽快组织发车。

（二）行李车超偏载处置

1. 列车行李员在行包装卸作业时，要监装监卸，发现行李车货物存在左右偏载、前后偏载、超载情况，要及时指挥装卸工，进行匀仓或卸载处置。

2. 列车行李员接车辆检车人员有关行李车压簧或偏载的通知后，应立即报告列车长。列车长应通知车站客运值班员组织装卸力量进行匀仓或卸载处置。

3. 车站客运值班员接到通知后，应及时向车站值班员、车站值班干部报告，影响旅客列车正点运行的还应向铁路局集团公司客运调度报告。

4. 车站装卸人员在进行匀仓或卸载作业时，应服从列车行李员的指挥。

5. 如采取卸载处理的，车站应及时安排卸下的行包换装其他列车运输，并将行包装运信息通知到站。

6. 如行李车在不办理行包业务的车站需进行超偏载处置时，车站应组织相关客运人员进行处理，对货物进行匀仓或卸载。卸载货物需要转运时，车站应向铁路局集团公司客运调度报告，由客运调度发布命令，指定后续列车组织卸载货物转运，调度命令抄相关列车及车站。

（三）邮政车发生超偏载处置

邮政车发生超偏载的处置流程比照行李车超偏载的处置规定办理，但邮政车匀仓或卸载作业由邮政人员负责，车站予以一定的协助。途中卸载的，车站应要求邮政人员报告其上级部门，联系车站商定转运方案。

复习思考题

1. 旅客人身伤害按其程度分为哪几类?
2. 旅客发生人身伤害,哪些情况属于车站责任?
3. 列车向车站移交伤害旅客,移交手续应包含哪些材料?
4. 呼叫司机紧急停车联控用语是什么?
5. 如何打紧急停车车信号?
6. 接触网断线,为防止跨步电压伤人,现场人员如何安全离开?

实作考核

非正常情况应急处置操作技能考核。

参 考 文 献

[1] 中国国家铁路集团有限公司. 中国国家铁路集团有限公司铁路旅客运输规程(2024年版)[S]. 北京: 中国铁道出版社有限公司,2024.

[2] 中华人民共和国交通运输部. 铁路旅客运输规程[S]. 北京:中国铁道出版社有限公司,2022.

[3] 国家铁路局　公安部. 铁路旅客禁止、限制携带和托运物品目录[S]. 北京:中国铁道出版社有限公司,2022.

[4] 中国国家铁路集团有限公司. 中国铁路运输收入管理规定[S]. 北京:中国铁道出版社有限公司,2020.

[5] 中国国家铁路集团有限公司客运部. 铁路旅客运输组织[M]. 北京:中国铁道出版社有限公司,2022.

[6] 中国铁路总公司. 铁路旅客运输服务质量规范(列车部分)[S]. 北京:中国铁道出版社,2018.